<u>호오포노포노,</u>
가장 쉬운 삶의 길

호오포노포노,
가장 쉬운 삶의 길

마벨 카츠 지음 | **박인재** 옮김
이하레아카라 휴 렌 박사 서문

침묵의 향기

행복과 평화, 그리고 더 쉬운 삶의 길을 찾는
모든 분들께 이 책을 바칩니다.

《호오포노포노, 가장 쉬운 삶의 길》에서 마벨(키키코 엘레)은 '가장 쉬운 삶의 길'에 관한 그녀의 통찰들을 들려줍니다. 다음은 내가 이 책에서 발견한 것들입니다.

1. 나는 **신이 만든** 존재이며, 신성한 사랑에 의해 그와 똑같은 모습으로 창조된 '순수한 가슴'이다.

2. 이 삶에서 **나의 유일한 목적**은 나 자신, 곧 순수한 가슴으로 존재하는 것이다.

3. 이 삶에서 **나의 유일한 과제**는 내 잠재의식 속에서 계속 반복되는 기억들—오류들—을 해방시키는 것이다. 과거의 기억들은 내가 순수한 가슴인 나 자신으로 존재하지 못하도록 방해한다.

4. 고대의 문제해결 과정인 **호오포노포노**를 이용하면, 기억

들을 완전히 해방시켜 나의 본래 상태인 순수한 가슴으로 회복시켜 달라고 신에게 청원할 수 있다.

5. 내가 반복하여 문제들로 경험하는 잠재의식 속의 기억들을 창조한 것은 100% 나의 **책임**이다.

6. 고대의 문제해결 과정인 호오포노포노를 끊임없이 순간순간 이용할 때, 나는 나의 원래 상태인 순수한 가슴으로 회복될 **선택권**을 순간순간 갖는다.

7. 나의 외부에는 어떤 문제도 존재하지 않는다. 나의 문제들은 오직 나의 잠재의식 속에서 **반복되는 기억**으로만 존재할 뿐이다.

우리 존재의 유일한 목적은 잠재의식 속에 자리하면서 과거의 문제들을 반복하는 기억들로부터 스스로를 해방시킴으로써 우리의 본래 모습인 순수한 가슴을 회복하는 것입니다.

2천 년 전에 어느 위대한 성현은 "원수를 사랑하라."고 말했습니다. 우리의 원수들은 과거의 두려움과 화, 원망, 미움, 집착, 판단들을 재생하는 기억들입니다. 우리는 "사랑해요", "고마워요"와 같은 고대 호오포노포노의 손쉬운 문제해결 과정을 이용하여 그 기억들을 100% 책임질 수 있습니다.

나는 마벨 카츠의 책, 《호오포노포노, 가장 쉬운 삶의 길》을 적극 추천합니다.

나의 평화

이하레아카라 휴 렌 박사

| 감사의 말 |

신에게, 내게 내려주신 모든 축복에 감사드립니다. 내 가슴속에 불어넣어주시는 해답과 영감을 나누는 여정에서 그분은 나를 깊이 신뢰하셨습니다.

어머니에게, 항상 곁에서 사랑과 지원을 아끼지 않으신 어머니에게 감사드립니다.

멋진 두 아들에게, 나의 여정을 이해해 주는 두 아들, 조녀선과 리오넬의 사랑과 지지에 감사드립니다. 내 삶과 사명의 일부가 되어준 두 아들에게 고마움을 전합니다.

야엘 바루크에게, 그녀의 격려와 추진력 덕분에 마침내 자리에 앉아서 이 책을 쓸 시간과 영감을 얻을 수 있었습니다. 고맙습니다.

이하레아카라 휴렌 박사님에게, 영적 성장과 용기를 준 그분의 가르침에 감사드립니다. 삶의 여정에서 박사님의 도움 덕분에 나는 오늘날 축복받고 더 나은 사람이 될 수 있었습니다.

모르나 시메오나 여사님에게, 그녀의 헌신적인 가르침과 영감에 감사드립니다.

헌신적인 편집자들과 친구들에게, 나와 이 책을 믿어주고 오랫동안 헌신과 지원을 아끼지 않은 미르타 J. 아틀라스, 드보라 바넷, 다이애나 발로리에게 감사드립니다.

전 세계 나의 모든 학생들에게, 그들의 놀라운 증언 덕분에 이 작업을 해나갈 확신을 얻게 되었고 계속 진행할 자신감과 용기를 얻을 수 있었습니다. 고맙습니다.

고맙습니다. 정말 고맙습니다.

차례

2009년 6월, 이스라엘에서 첫 번째 강의를 마쳤을 때 그곳에서 나의 책을 출간한 야엘이 다가와 말했습니다. "마벨, 당신의 책《가장 쉬운 길》은 정말 좋은 책이에요. 이제 다른 책을 써야 할 때가 온 것 같아요. 그 책은 2003년의 마벨이지 지금의 마벨은 아니잖아요. 당신은 그 후로도 먼 길을 걸어왔고 사람들과 나눌 것도 더 많아지지 않았나요?"

사람들과 나누고 변화하도록 돕는 것은 내가 늘 사랑하는 일입니다. 그래서 잠시 생각한 뒤 "좋아요."라고 대답했습니다. 사실 그전부터 새로운 책을 쓰려고 계속 생각하고는 있었지만 꾸물거리고 있던 참이었습니다.

그 즈음 세계 곳곳에서 사람들이 메시지를 보내오고 있었는데, "자리에 앉아 순수한 영감에서 나오는 이야기를 써주세요. 앞의 책을 썼듯이 말이에요."라는 내용이었습니다. 나는 내 말을 녹음한 뒤 다른 사람에게 녹취를 부탁할 수도 없었고 대필을 시킬 수도 없었습니다. 영감은 나 자신을 통해 나와야 했기 때문입니다.

하지만 일단 결심을 하자 수많은 영감이 떠오르기 시작했습니다. 그 경이로운 영감들과 책을 쓰는 동안 겪은 삶의 경험들 때문에 나는 더욱 깨어 있으면서 지금 여기에 현존(現存)할 수 있었고, 마침내 이 책을 완성할 수 있었습니다.

우리 아이들이 어릴 때부터 나는 아이들에게, 너희들이 할 일은 행복해지는 것이며 행복한 사람은 '운이 좋다'고 말했습니다. 그러나 당시에는 그 말을 진정으로 이해하고 있지는 못했습니다. 이제는 더 나은 설명을 할 수 있습니다.

당신이 행복할 때 행운은 당신을 따릅니다. 행복할 때 당신은 열린 통로가 되어, 당신을 창조했고 어느 누구보다 당신을 더 잘 아는 '당신의 일부'(초의식을 가리킴. 70쪽 참조―옮긴이)가 삶을 안내하도록 허용하기 때문입니다. 이처럼 열린 통로가 되어 안내를 허용할 때, 우주의 춤은 언제나 당신을 알맞은 때에 알맞은 곳으로 데려갑니다.

자기 자신을 믿고 삶을 있는 그대로 받아들일 때, 삶의 모든 문제는 더 자유로워질 수 있는 기회임을 깨달을 때, 그리고 자신이 반드시 옳아야 하거나 이겨야 할 필요가 없다는 것을 깨달을 때, 당신은 자연히 더 가벼워지고 행복해지는 것을 느끼게 됩니다.

행운이란 알맞은 때에 알맞은 곳에서 알맞은 사람들과 함께 있는 것입니다. 대개는 자기의 방식만을 고집하지 않을 때 행운이 따릅니다. 머릿속의 재잘거림을 멈추고 가슴을 열면 기적들이 일어날 수 있습니다.

당신이 할 일은 가슴을 믿는 것뿐입니다. 기쁨과 행복, 내면의 평화와 자유를 찾는 비밀들은 모두 가슴속에 숨겨져 있습니다.

당신의 삶을 바꿀 사람은 오직 당신밖에 없습니다. 외부에는 당신에게 어떻게 할 수 있는 사람이 아무도 없습니다. 그리고 삶 속으로 끌어당긴 사람과 상황들에 대한 책임은 당신에게 있습니다(당신의 잘못이라는 뜻은 아닙니다). 우리가 간절히 소망하는 빛과 사랑은 삶에서 주어지는 모든 도전들의 뒤에 있습니다. 더 많은 도전에 직면할수록 더 많은 축복을 받게 될 것입니다.

우리의 조상들은 모든 문제의 해답이 오직 신(神)으로부터 나온다는 것을 알고 있었습니다. 그래서 그들은 믿음과 신뢰에 따라 행동했으며, 그 때문에 놀라운 기적들을 보고 경험했습니다. 또 생각을 내려놓고 완벽한 답이, 어디에서 나올지는 알지 못해도, 나타나도록 허용하면 늘 기적이 일어난다는 것도 알고 있었습니다.

이 책에는 당신이 더 깨어 있도록 도와주는 여러 장(章)과 주제들이 포함되어 있는데, 특히 아래의 주제들을 주로 다루고 있습니다.

- 당신과 당신의 생각만 있을 뿐, 외부에는 아무도 없다.
- 당신에게 100% 책임이 있다.
- 하나의 문이 닫히면 자동적으로 다른 문이 열린다.
- 삶에서 주어지는 모든 도전 뒤에는 빛이 숨겨져 있다.
- 오직 당신만이 자기를 자유롭게 할 수 있다,
  특히 자신으로부터!
- 더 많은 역경은 더 많은 축복을 의미한다.
- 당신이 변하면 모든 것이 변한다.
- 평화는 당신으로부터 시작된다.

2003년에 《가장 쉬운 길》을 쓴 이유는 내 삶을 변화시킨

것들과 내가 발견한 비밀들을 함께 나누고 싶었기 때문입니다. 이제 나는 다음의 메시지를 모든 사람과 함께 나누고 싶습니다. "우리 모두는 자기의 삶을 변화시킬 힘이 있으며, 외부의 어떤 사람이나 어떤 것에도 의지할 필요가 없다."

나의 열정과 사명은 당신을 일깨워서 당신도 나처럼 삶이 변화되고 소망하는 평화와 행복, 자유를 발견하도록 돕는 것입니다. 나는 내가 발견한 진실을 확신합니다. 그 진실을 통해 수많은 사람들의 삶이 변화되는 것을 직접 목격했기 때문입니다. 내가 좋은 직업이었던 회계사를 그만두고 전 세계를 여행하며 이 메시지를 함께 나누고 있는 것도 그런 확신 때문입니다.

이 책은 어떤 사람들에게는 이미 알고 있는 것을 상기시켜주고, 다른 사람들에게는 더 잘 알게 해주는 기회가 될 것입니다. 당신이 어느 쪽이든 유연하게 마음을 열고 이미 알고 있다는 생각을 놓아버린다면 분명 자신의 해답을 얻게 될 것입니다. 가끔 마음은 자기가 옳음을 입증하기 위해서라면 무슨 일이든 하려 한다는 것을 알아차리기 바랍니다. 내 질문은 이것입니다. 당신은 옳기를 원하나요, 아니면 행복하기를 원하나요?

만일 삶이 원하는 대로 흘러가지 않는다면 혹은 행복하거나 평화롭지 않다면, 잠시 지성을 산책 보낸 뒤 가슴으로 이 책을 읽어보기 바랍니다.

당신이 '가장 쉬운 삶의 길'을 선택하기를 진심으로 소망합니다.

1장

당신은 완전하다

—

우리 모두는 어린아이들이 그러하듯 빛을 발하도록
태어났습니다. 우리 안에 있는 신의 영광을 드러내기 위해
태어난 것입니다. 그 영광은 몇몇 사람의 내면에만 있는
것이 아니며, 모든 사람의 내면에 존재합니다.

나는 누구인가?

이것이 가장 중요한 질문이다.

많은 사람들은 이 질문에 대한 답이 얼마나 간단한지를 모른다.

우리 모두는 공(空)으로부터 나왔다는 것을 기억하는 것이 중요합니다. 이 완전한 빛은 우리를 '완전하게' 창조했습니다. 완전한 것은 불완전한 것을 창조할 수 없기 때문입니다. 완전하다는 것은 생각에 대한 믿음과 견해, 판단이 없음을 의미합니다.

우리는 완전합니다! 하지만 생각들, 믿음들, 견해들, 그리고 판단들은 불완전합니다. 우리를 혼란스럽게 하고 제한시키는 이런 프로그램과 기억들은 삶의 경험과 사회를 통해 우리의 인식 속에 주입됩니다. 그런데 기억들은 우리 자신이 아닙니다. 이 사실을 알아차릴 때 우리는 결과에 집착하지 않고 지켜볼 수 있게 되며, 원래의 완전한 상태로 돌아갈 수 있습니다.

사람들과 상황들에 대한 반응이 일어날 때, 거기에 관여하거나 대응하지 말고 그저 반응을 지켜보세요. 이 과정에 능숙해지면 자신의 생각과 견해, 판단들을 더 많이 알아차리고 그것들로부터 초연해지며, 어떤 상황에서도 평화로운 상태로 있을 수 있습니다. 어떤 상황을 좋거나 나쁜 것으로 구분하지 않고 그저 지켜볼 수 있다면, 당신은 자유로워집니다.

하지만 불행히도 보통 우리는 스스로 결정하고 행동하거나 느끼는 대신 어떤 상황들이 일어나기를 그저 기다립니다. 그리고 외부의 상황에 따라 변해가며 그 변하는 모습이 진정한 자신이라고 믿습니다. 그런 식으로 우리는 소유물이나 상황, 외부에서 주어지는 것이 우리의 정체성을 규정하도록 허용합니다.

신성(神性)을 회복하고 내면의 평화와 다시 연결되기 위해서는 우리의 진정한 본질로 돌아가서 우리에게 이미 모든 것이 있다는 사실을 가슴으로 알아야 합니다. 그럴 때 우리는 진정한 자신이 되고 신뢰와 영감의 자리에 있게 됩니다. 그러면 완전한 모든 것이 매순간 우리에게 주어지게 됩니다.

외부 상황에 따라 자신을 규정하는 행위를 그만두면 상상

이상의 것을 받게 될 것입니다. 진정한 자신으로 돌아가면 사람들은 당신을 더 많이 인정할 것입니다. 당신 스스로 자기를 인정하기 때문입니다. 자기를 사랑하고 존중하며 신뢰하면 사람들이 당신을 더 많이 알아볼 것입니다. 그들이 알아보는 까닭은 당신의 학위나 재산 같은 것 때문이 아니라, 오로지 당신 자신 때문입니다. 이것은 단순하며 자연스러운 과정입니다. 당신이 스스로 자유로워지면 가만히 있어도 사람들이 묻기 시작할 것입니다. "어떻게 한 거죠? 무슨 일이 있었나요? 너무 달라 보이고 더 젊어 보여요!"

마리앤 윌리엄슨은 말합니다. "우리의 가장 깊은 두려움은 우리가 무능하다는 것이 아닙니다. 우리의 가장 깊은 두려움은 우리가 측량할 수 없이 강하다는 것입니다. 우리를 정말 두렵게 만드는 것은 우리의 어둠이 아니라 우리의 빛입니다. 우리는 스스로 묻습니다. '어떻게 내가 뛰어나고 훌륭하고 유능하며 대단한 사람일 수 있겠는가?' 하지만 어떻게 당신이 그렇지 않을 수 있겠습니까? 당신은 신의 자녀입니다. 당신의 소심한 태도는 세상에 도움이 되지 않습니다. 주위 사람들이 불안해하지 않도록 움츠리고 있다면, 그것은 무지한 것입니다. 우리 모두는 어린아이들이 그러하듯 빛을 발하도록 태어났습니다. 우리 안에 있는 신의 영광을 드러내기 위해 태어난 것입니다. 그 영광은 몇몇 사람의 내면에만 있는 것이 아니며, 모든 사람의 내면에 존재합니다. 자기의 빛이 빛나도록 허용할 때 우리는 모르는 사이에 다른 사람들의 빛도 빛나게 합니다. 우리가 두려움에서 해방될 때 우리의 존재는 저절로 다른 사람들까지 해방시킵니다."

당신이 진정한 자신으로 존재하면, 다른 사람들도 당신의 현존 안에서 그들 자신으로 존재할 수 있습니다. 그리고 처음에는 어려워 보일 수도 있겠지만, (견해도, 판단도, 기대도 없는) 제로(zero) 상태의 자각을 한 번 경험하게 되면, 잠깐씩이라도 자주 그 상태로 돌아가고 싶어질 것입니다. 연습이 거듭될수록 더 쉽게 깨어 있을 수 있습니다. 처음에는 다음 기억이 바로 재생을 시작하므로 짧은 시간만 자각하겠지만, 그런 기억들은 다시 자각하여 자기 자신으로 존재하게 될 또 하나의 기회입니다.

그러다 보면 더욱더 자유로워져서 어린아이처럼 삶의 경이로움을 관찰하며 감탄하게 될 것입니다. 당신은 점점 더 '순수한 가슴'이 되어갈 것입니다. 그러다가 어느 수준에 이르면, 자각하지 않는 삶으로 돌아가는 것이 자각하는 것보다 오히려 더 어려워지게 됩니다. 자각하며 진정한 당신으로 존재하는 것은 쉬운 일입니다. 그것이 본래 당신의 자연스러운 상태이기 때문입니다. 그리고 일단 연습을 하기 시작하면 가슴과 몸이 그 느낌을 기억하게 되며 그 느낌은 더욱더 되살아날 것입니다. 참된 기쁨과 평화라는 이 상태는 매순간 당신 자신이 아닌 것들을 놓아버릴 때 얻어집니다.

기억하세요. 당신이 찾고 있는 안전과 행복은 물질적인 소유물이나 학위, 인간관계 속에 있지 않습니다. 그것은 생각보다 훨씬 가까운 곳에 있습니다.

외부의 어떤 것도 당신에게 완전하거나 완벽하다는 느낌을 줄 수 없습니다. 외부에서 발견하는 모든 것, 지금 필요해 보일 수 있는 모든 것은 일시적인 흥분만을 줄 뿐입니다. 그것은 집착이며 머지않아 사라집니다. 또는 당신이 흥미를 잃고 그 때문에 괴로워할지도 모릅니다.

스스로 자유로워지세요. 필요한 것은 이미 다 가지고 있으며, 다른 어떤 것도 필요하지 않다는 것을 깨닫기 바랍니다. 놓아버리세요. 그리고 모든 것을 더 잘 아는 '당신의 일부'가 당신을 안내하고 보호하도록 허용하세요. 온전한 자기 자신으로 돌아가세요. 그러면 그곳에서 진정한 신의 나라와 필요한 모든 것을 발견하게 될 것입니다. 그곳은 어디일까요? 바로 당신의 내면입니다!

2장

기억

—

당신이 보고 있는 것은 그 사람이나 그 문제에 대한
기억들입니다. 우리는 늘 뿌연 안개 너머로 사건과 사물을
바라보는 까닭에 분명하게 보지 못합니다. 모든 것은 우리의 기억과
판단, 믿음, 옳다고 여기는 것, 무엇이 어떠어떠해야 한다는
생각들로 오염됩니다.

이 세상은 정보에 의해 움직인다.
우리 역시 정보에 의해 움직인다.

나의 스승인 이하레아카라 휴 렌 박사는 우리가 모든 것을 지니고 세상에 온다고 말합니다. 무슨 뜻인지 이해되나요? 이 말은 우리가 과거의 기억뿐 아니라 조상들의 모든 기억까지 지닌 채 태어난다는 의미입니다. 이런 시각으로 보면 사건과 상황들은 우리의 생각과는 전혀 다릅니다. 만일 지금 일어나는 어떤 일에 대해 옳으니 그르니 시비하고 있다면, 그것은 지금 이 순간과는 아무 관계가 없습니다. 사실 그것은 기억들이 재생되는 것이기 때문입니다.

예를 들어, 영화를 보러 갈 때 우리는 영화의 내용이 스크린 위에 있지 않다는 것을 알고 있습니다. 그것은 뒤에 즉 영사기 안에 있습니다. 삶 역시 마찬가지입니다. 사람들과 상황들은 스크린과 같습니다. 분명 우리는 스크린과 얘기하는 것을 좋아하며 아주 능숙하게 잘 합니다. 우리는 자신이 옳다는 것을 스크린에게 납득시키기 위해 애를 씁니다. 우리는 스크린이 변하기를 원합니다. 하지만 스크린은 아무것도 할 수가 없습니다. 스크린은 변하지 않습니다. 만일 우리 스크린 위의 어떤 것을 변화시키길 원한다면, 변화될 필요가 있는 것은 바로 우리 자신입니다. 그 영화는 우리 안에 있기 때문입니다. 우리 자신이 영사기입니다.

기억들은 왜 반복하여 재생되는 걸까요? 기억들은 우리가 100% 책임을 지고 놓아줄 기회를 주기 위해 나타납니다. 기억들을 놓아버리는 것은 신성(神性)이 기억들을 지워 우리를 해방시키도록 허용하는 것입니다. 우리가 문제라고 일컫는 것들은 실제로는 기회들입니다. 삶은 우리가 더욱 성장하고 진정한 자신을 발견할 기회들을 줍니다. 왜냐하면 우리는 자신이 누구인지, 왜 여기에 있는지, 무엇을 위해 여기에 왔는지를 잊어버렸기 때문입니다. 인생의 목적은 우리가 진정 누구인지를 기억하고 잘못된 것을 고치는 것입니다. 잘못을 바로잡으려는 것입니다. 고대 하와이의 문제해결 기법인 호오포노포노의 핵심이 바로 이것입니다. 우리는 100% 책임을 지고

"미안해요. 이런 상황을 창조하거나 끌어들인 내 안의 것들을 용서해 주세요."라고 말함으로써 오류를 바로잡습니다.

여기에서 말하는 책임이란 죄를 지었다는 것과는 아주 다릅니다. 나는 우리가 죄를 지었다고 말하는 것이 아니라, 우리에게 책임이 있다고 말하는 것입니다. 우리 스스로 모든 것을 삶 속으로 끌어당기고 있기 때문입니다.

우리 모두는 삶의 목적이 무엇인지 발견하려 애쓰며 살아갑니다. 한 가지 좋은 소식을 전해 드리자면, 삶의 목적은 당신 자신이 아닌 것들을 모두 정화(호오포노포노)하고 놓아버리는 것입니다. 당신은 기억들이 아닙니다. 당신은 기억들의 너머에 있는 존재입니다. 하지만 당신에게는 그 기억들을 정화할 책임이 있습니다. 셰익스피어의 말처럼, "이것은 거대한 무대이며, 우리는 위대한 배우들입니다!"

이제 당신은 이 말을 이해하려 애쓰고 있을지 모릅니다. 그러나 지금 여기에는 이해하거나 알아야 할 것이 아무것도 없습니다. 이렇게 한번 생각해 보세요. 컴퓨터로 어떤 프로그램을 이용하여 작업하고 있을 때, 당신은 얼마나 많은 컴퓨터 프로그램들이 배후에서 돌아가고 있는지 알고 있나요? 그런 프로그램들을 다 이해하거나 알지 못해도 컴퓨터를 이용하는 데는 아무런 문제가 없습니다. 프로그램들이 존재하며 그것들이 돌아가고 있다는 것만 알면 됩니다. 현실에서도 당신은 어떤 일들이 왜 일어나며 그 일이 어디에서 유래하는지, 특정한 일들이 왜 삶 속에 나타나는지 모를 수 있습니다. 당신은 그것을 알 필요가 없습니다. 당신이 할 일은 오직 놓아버리는 것뿐입니다.

예를 들어 당신과 다른 사람 사이에 어떤 문제가 생길 때, 그 문제는 당신이나 그 사람과는 관련이 없습니다. 그것은 단지 기억들일 뿐입니다. 그러니 그 문제에 대해 얘기하거나 토론할 필요도 없고, 어느 누구도 비난할 필요도 없습니다. 상대방이나 그 문제를 바라볼 때 당신은 정말로 그들을 '보고 있는' 것이 아니라는 사실을 기억하세요. 당신이 보고 있는 것은 그 사람이나 그 문제에 대한 기억들입니다. 우리는 늘 뿌연 안개 너머로 사건과 사물을 바라보는 까닭에 분명하게 보지 못합니다. 모든 것은 우리의 기억과 판단, 믿음, 옳다고 여기는 것, 무엇이 어떠어떠해야 한다는 생각들로 오염됩니다.

우리의 할 일은 놓아버리는 것뿐입니다. 이런 과정을 통해 우리에게서 지워지는 것들은 상대방이나 그 상황에서도 지워집니다. 사람과 상황이 실제로 변할 것입니다. 하지만 정말로 변하는 것은 그 사람이나 상황이 아니라 바로 당신입니다. 사람들에 대한 기억들을 놓아버리면 그들이 달리 보이고 달리 경험될 것입니다. 그러니 앞으로 삶에 어떤 문제가 생기면 그 일을 축복으로 보기 바랍니다. 놓아버리고, 잘못을 바로잡고, 자유로워질 기회로 보세요.

지금 당신은 노예입니다. 자신이 자유롭다고 생각하겠지만 당신은 기억들과 프로그램들의 노예입니다. 무엇이 좋고 무엇이 나쁜지, 무엇이 옳고 무엇이 그른지를 그 기억들과 프로그램들이 끊임없이 당신에게 말해 주고 있기 때문입니다. 지성은 모든 것들에 딱지를 붙이지만, 실제로는 옳거나 그른 것이 없습니다. 마음은 자기가 알고 있다고 생각하지만 사실은 아무것도 알지 못합니다. 지성이 하는 일이란 오로지 선택하는 것뿐입니다. 놓을 것인가 관여할 것인가, 놓을 것인가 이길 것인가.

3장

지우기

삶에 필요하지 않은 기억들을 지우면
더 많은 문이 열리고 새로운 기회들이 주어질 것입니다.
당신을 돕고 지원해 줄 사람들이 더 많이 나타나고,
함께 정화하는 사람들도 더 많아질 것입니다.

영적 성장을 위해서는 놓아버림이 필요합니다. 놓아버림의 구체적인 방법으로 나는 우리의 기억과 프로그램들을 정화하고 '지워야' 한다고 말합니다. 그러면 진정한 기쁨과 내면의 평화를 찾을 수 있습니다.

워크숍이나 세미나를 하다 보면 이런 질문을 많이 받게 됩니다. "이 기억을 지우고 싶지 않으면 어떻게 되나요? 좋은 기억이라서 놓아버리고 싶지 않다면요? 기억을 지우면 어떤 일이 일어날까요? 혼자 지내야 할지도 모르는데, 그럼 어떻게 살아갈 수 있을까요?" 많은 사람들이 놓아버리는 것을 두려워합니다.

안심하세요! 우선, 당신에게는 정화하고 지울 필요가 있는 수많은 기억들이 있습니다. 그리고 삶에 필요하지 않은 기억들을 지우면 더 많은 문이 열리고 새로운 기회들이 주어질 것입니다. 당신을 돕고 지원해 줄 사람들이 더 많이 나타나고, 함께 정화하는 사람들도 더 많아질 것입니다.

어떤 기억을 지울지 결정하는 것은 당신이 아닙니다. 당신이 할 일은 오직 허용하는 것뿐입니다. 일단 어떤 상황이나 사람을 창조하거나 끌어들인 자기 내면의 것들에 대해 100% 책임을 지겠다고 결심하면, 당신을 창조하고 어느 누구보다 당신을 더 잘 아는 '당신의 일부'—어떤 사람은 신이라고 부르기도 합니다—가 놓아줄 준비가 된 기억이 무엇인지를 알 것입니다.

사람들은 흔히 이런 질문을 합니다. "왜 모든 기억을 한꺼번에 다 놓아버릴 수는 없는 건가요? 좋아요, 말씀하신 대로 저에게 100% 책임이 있다는 것을 이해했어요. 그리고 '미안해요. 이것을 창조한 내 안의 것들을 용서해 주세요.'라고 말하겠어요. 자, 이제 그 기억들을 모두 지워주세요!"

하지만 그렇게 단순한 것만은 아닙니다. 우리의 몸 역시 기억들입니다. 만일 우리의 모든 기억이 한꺼번에 지워져버리면 우리의 몸에 어떤 부작용이 생길지도 모릅니다. 놓아줄 준비가 된 기억들이 무엇인지 정확히 아는 '우리의 완전한 일부' 가 우리를 위해 그런 기억들을 지워줄 것입니다. 그러니 무엇 을 놓아버려야 하는지조차 알 필요가 없다는 사실이 정말 멋 지지 않나요?

이것은 모두 '기억들'에 관한 문제입니다. 삶에서 어떤 문 제가 생길 때, 그것은 단지 기억이 재생되고 있는 것입니다. 어떤 상황에서 당신은 어떤 사람이나 정부, 집 혹은 돈에 관 한 어떤 것을 정화하고 있다고 생각할지 모르지만, 실제로 무 엇을 정화하고 있는지는 알 수가 없습니다. 오직 신만이 알고 있습니다.

정화에 대해 많은 사람이 궁금해하는 또 하나의 질문은 "이 작업을 위해 신을 믿어야 하는가?"입니다. 내 대답은 그렇지 않다는 것입니다. 신을 믿을 필요는 없습니다. 모든 사람이 정 화할 수 있습니다. 우리가 할 일은 허용하는 것입니다. 그 다 음에 무슨 일이 일어날지는 알거나 이해할 필요가 없습니다. 어떤 일이 일어날 것이라는 점을 믿기만 하면 됩니다.

또 이런 의문이 들 수도 있습니다. "진심을 담아 정화해야 하는 걸까? 정화된다는 느낌을 느껴야 하는 걸까?" 한번 되 물어 보겠습니다. 컴퓨터 키보드에 있는 삭제(delete) 버튼을 누를 때, 당신은 진심을 담아서 그렇게 하나요? 또 삭제 버튼을 누르면서 뭔가를 '느껴야' 하나요? 혹은, 그렇게 할 때 미소를 짓거나 연민을 느끼면 결과가 더 나아지나요?

아뇨, 그렇지 않습니다. 삭제 버튼을 누르면서 진심을 담거나 그것을 느낄 필요가 없고, 버튼을 누른 뒤 어떤 일이 일어날지 이해할 필요도 없습니다. 어떤 컴퓨터 프로그램을 다운로드할 때 어떤 과정을 통해 다운로드되는지 자세히 이해하지 못해도 프로그램은 잘 다운로드됩니다. 마찬가지로, 어떻게 해서 놓아버리게 되는지를 이해할 필요는 없습니다. 그저 "고마워요", "사랑해요", "미안해요", "이것을 창조한 내 안의 것들을 용서해 주세요."라고 말하세요. 그러면 컴퓨터 키보드의 삭제 버튼을 누르는 것과 같은 효과가 생깁니다. 그 뒤의 모든 일은 자동적으로 일어납니다.

호오포노포노에서는 "그냥 그렇게 하세요. 그냥 그렇게 말해 주세요."라고 합니다. 삶에서 문제를 일으키는 기억들과 프로그램들에 대해 100% 책임을 지고 이 기억들과 프로그램들을 놓아버리면, 알맞은 것들이 알맞은 때에 당신에게 다가올 것입니다. 지성은 결코 그것을 이해하지 못합니다. 그러니 가슴으로 알아야 할 사실은, 정화가 일어나도록 허용하고 도움을 청하면 '언제나' 도움이 온다는 것입니다. 허용할 때마다 늘 깊은 변화(신만이 할 수 있는 일)가 일어난다는 것을 가슴으로 알고 신뢰하세요. 이것은 언제나 확실합니다!

4장

감사의 힘

———

우리는 자신이 얼마나 행운아인지를 깨닫지 못할 때가 많습니다.
잠시 일을 멈추고 하늘을, 나무를, 혹은 미소 짓는
아이의 얼굴을 바라보세요. 장미의 향기를 맡아보세요.
주변의 아름다움에 감사하기 시작하면, 좋은 것들이
더 많이 찾아오게 됩니다.

감사는 더없이 중요합니다. 감사할 만한 것들을 한번 생각해 보세요. 글을 읽을 수 있나요? 스스로 이 책을 들고 책장을 넘길 수 있나요? 이 글을 읽고 있다면 당신은 눈으로 볼 수 있습니다. 당신은 숨을 쉬고 있습니다. 당신은 아침에 일어나 햇빛을 보았고, 아침의 소리들을 들었으며, 공기의 냄새를 맡았습니다. 우리가 이 땅 위에서 갖는 매순간은 기회들로 가득 차 있습니다. 그것은 참된 선물입니다. 신이시여, 감사합니다!

우리는 자신이 얼마나 행운아인지를 깨닫지 못할 때가 많습니다. 잠시 일을 멈추고 하늘을, 나무를, 혹은 미소 짓는 아이의 얼굴을 바라보세요. 장미의 향기를 맡아보세요. 주변의 아름다움에 감사하기 시작하면, 좋은 것들이 더 많이 찾아오게 됩니다. 이미 가지고 있는 것들에 관심을 기울이는 것이 열쇠입니다. 우리는 감사의 굉장한 힘을 잊어버리고 너무나 많은 것들을 당연하게 여기는 경향이 있습니다. 이미 가진 것들에 감사하는 대신, 아직 갖지 못한 것들에 너무 많은 관심을 기울이기 때문입니다. 부디 이 점을 깨닫고, 자신이 자유롭다는 사실에 감사하세요!

호오포노포노에서는 "고마워요."라는 말을 정화의 도구로 사용합니다. "고마워요."라고 말할 때마다 우리는 100% 책임을 지고 놓아버리며, 우주가 우리에게 합당한 모든 좋은 것을 가져오도록 허용하게 됩니다. 이것이 감사의 원리입니다. "고마워요."라는 말을 되풀이할 때마다 우리는 더 이상 도움이 되지 않는 기억들을 지우고 정화하고 놓아주게 됩니다. 영감이 우리의 문제들에 가장 알맞은 아이디어와 해결책을 지니고 우리의 삶에 들어오도록 허용하게 됩니다.

때로는 "고마워요."라는 말 한 마디로 당신의 소망이 이루어질 수도 있다는 것을 아시나요? 당신과 소망하는 것 사이의 거리는 "고마워요."라는 말 한 마디만큼일 수도 있다는 것입니다. 하지만 흔히 우리는 어떤 놀라운 일이 일어나려고 하기 직전에 포기해 버립니다.

기대를 놓아버리고 삶의 흐름에 자신을 맡기면 훨씬 쉽게 감사함을 느낍니다. 우리가 감사하지 못하는 까닭은 기대를 하기 때문입니다. 심지어 영적인 정화의 과정에 대해서도 어떤 기대를 합니다. 이 경우, 우리는 자신에게 무엇이 가장 좋은지 안다고 생각합니다. 그래서 정화가 어떤 식으로 일어나야 하며 어떤 일들이 언제 어떻게 일어나야 하는지 안다고 믿습니다. 그러다가 현실이 기대와 맞지 않으면 화를 내며 가슴을 닫아버립니다. 그럴 때 우리는 삶의 경이로움을 볼 수 없습니다. 우리에게 주어진 삶을 누릴 기회들에 대해서도 감사하는 마음을 느낄 수 없게 됩니다. 비밀은, 유연하게 가슴을 열고 기대를 놓아버리는 것입니다.

어쩌면 당신은 지금 힘들고 괴로운 상황에 처해 있을 수도 있습니다. 그러나 신은 결코 감당할 수 없는 상황을 주지 않으며, 어떤 상황에서든 당신을 돕기 위해 언제나 그 자리에 함께 있습니다. 그런데 힘든 상황에 처하면 우리는 "신이시여, 저를 믿고 이런 기회를 주셔서 감사합니다."라고 말하는 대신, 곧바로 판단 속으로 빠지며 우주에게 "왜 하필 나에게 이런 일이 일어나는 겁니까?"라고 불평합니다.

감사는 우리의 진동과 에너지를 변화시킵니다. 마음속 깊이 감사함과 하나 될 때 우리는 곧 평화를 느끼며 더 좋은 것을 끌어오는 자석이 됩니다. 반대로, 부정적으로 생각하면 해결책이 아니라 문제들만 보이게 될 것입니다.

고맙다고 말하는 것은 '놓아버리는' 방법이기도 합니다. 고맙다고 말하면 어떤 문들이 닫히는데, 다른 문들이 열리기 위해서는 (필요 없는) 문들을 닫아야 할 경우가 많습니다. 당신의 주위는 온통 기회로 가득합니다. 어떤 기회들은 아주 가까이 있으며, 당신이 놓아버리기만을 기다리고 있습니다. 그러니 할 수 있는 한 자주 고맙다고 말하세요. 마음속으로 해도 좋고 소리 내어 말해도 좋습니다. 그러면 늘 좋은 결과가 뒤따를 것입니다. 앞에서도 말했듯이, 꼭 감사하는 마음을 느끼거나 진심을 담아서 그렇게 할 필요는 없습니다.

"고마워요."라는 말은 컴퓨터의 삭제 버튼을 누르는 것과 같습니다. 그것은 다른 쪽 뺨, 곧 사랑의 뺨을 대는 것입니다. 사랑은 분명 모든 것을 치유합니다.

5장

지성은 알기 위해
창조되지 않았다

지성이 당신을 혼돈으로 몰아가도록 내버려두지 말고,
지성을 원래 목적에 맞게 사용하세요. 가슴을 열고
현실을 통제하려는 노력을 멈추면, 사방에서 놀라운 일들이
일어나기 시작할 것입니다.
기쁨과 자유의 느낌을 되찾게 될 것입니다.

우리는 오해하고 있습니다. 우리는 지성(intellect)을 지식으로 채워야 한다고 믿고 있지만, 지성은 원래 생각하고 관여할지, 아니면 놓아버릴지 중에서 한쪽을 선택하기 위해 우리에게 주어졌습니다. 그런데 우리는 지성의 목적이 정보를 저장하고 이해하는 것이라고 믿게 되었으며, 우리의 정체성까지 이런 생각에 기초하게 되었습니다. 그래서 우리의 지성은 자기 아닌 다른 어떤 것이 되려고 애쓰고 있으며, 우리를 본래 모습이 아닌 다른 어떤 것이 되도록 늘 몰아붙이고 있습니다.

이런 악순환을 끊기 위해서는 우리가 본래 지혜로우며 지혜는 지성 속에 있지 않다는 점을 깨달아야 합니다. 창조성도 지성 속에 있지 않습니다. 창조성은 우리의 자연스러운 상태입니다. 창조성은 설명할 수 없는 방식으로 찾아와서 작용합니다. 사실 아이디어와 행동은 영감 혹은 기억, 이 둘 중 하나로부터 나옵니다.

영감은 마음이 텅 비고 열려 있을 때만 떠오릅니다. 얘기하거나 생각하고 걱정할 때는 영감이 떠오르지 않습니다. 그래서 잠재 능력을 최대로 발휘하기 위해서는 다시 어린아이처럼 되어야 합니다. 우리의 원래 모습인 지혜로운 어린아이로 돌아가야 합니다. 생각에 빠지거나 걱정하지 않으면서 모든 가능성에 열려 있을 때 보호와 안내를 받는다는 것을 믿어야 합니다. 우리는 이제까지 수많은 교육을 받으면서 진정한 자신이 누구인지를 잊어버렸습니다. 잊어버리기 전으로, 자신의 뿌리로 돌아가야 합니다.

우리의 존재를 복잡하게 만드는 것은 바로 우리 자신입니다. 우리는 무엇이 우리에게 좋은지 알고 있다고 생각하며, 끌어오길 원하는 것들의 목록을 만들고, 그것들이 언제 얼마큼 주어져야 하는지도 정합니다. 하지만 사실 우리는 무엇이 정말 우리에게 좋은지 알 수 없습니다. 무엇보다도, 우리는 누구를 위해 그런 목록을 만드는 것일까요? 우리는 실제로는 창조주를 위해 그런 목록을 만듭니다. 창조주는 어느 누구보다도 우리를 잘 알며, 우리에게 필요한 것이 무엇이고 언제 필요한지를 잘 알고 있습니다. 그런 점에서 보면 우리는 무척 오만하다고 할 수 있습니다.

자연을 생각해 보세요. 꽃들을 바라보세요. 우리 인간은 어느 누구도 그런 아름다움을 창조할 수가 없습니다. 우리는 신성한 지성(Divine Intelligence)이 존재한다는 것을 인정할 필요가 있습니다. 몸을 생각해 보세요. 어떻게 해야 숨을 쉬고 심장을 뛰게 할 수 있는지 생각할 필요가 없습니다. 우리는 이미 신의 기적들에 둘러싸여 있습니다.

휴 렌 박사는 언젠가 하와이의 창조 설화를 들려준 적이 있는데, 대략 다음과 같은 이야기였습니다. 신은 이 땅을 창조한 뒤 아담과 이브를 여기로 데려오면서, 이곳은 낙원이며 어떤 것도 걱정할 필요가 없다고 말했습니다. 필요한 모든 것을 주겠다고 했습니다. 그리고 그들에게 스스로 선택하고 결정할 수 있는 기회, 즉 '자유로운 선택권'을 선물로 주었습니다. 그런 다음 사과나무를 창조하고는 말했습니다. "이것은 '생각'(thinking)이라고 한다. 너희는 이것이 필요하지 않다. 나는 너희를 위해 모든 것을 줄 수 있으니 걱정할 필요가 없다. 그러나 너희는 나를 따를 것인지, 아니면 너희 자신의 길(생각)

을 갈 것인지 선택할 수 있다."

여기서 문제는 그들이 사과를 먹었다는 사실 자체가 아니라, 스스로 책임을 지고 "미안해요."라고 말하지 못한 것이라는 점을 분명히 하고 싶습니다. 신이 묻자 아담은 "이브가 시켜서 했어요."라고 말합니다. 그리고 이 때문에 아담은 첫 번째 직업을 찾아 길을 떠나야 했습니다. 아담과 마찬가지로 우리도 늘 사과를 먹고 있습니다. 또한 우리가 가장 잘 알고 있다고 늘 생각합니다. 다른 길, 더 쉬운 길이 있다는 것을 깨닫지 못합니다.

앤소니 드 멜로는 이것을 간단히 표현했습니다. "의식하고 자각할 때 당신은 더 현명해집니다. 이것이 진정한 성장입니다. 당신의 자만심을 이해하세요. 그러면 자만심은 떨어져 나가고 겸손이 찾아올 것입니다. 당신의 불행을 이해하세요. 그러면 불행은 사라지고 행복이 찾아올 것입니다. 당신의 두려움을 이해하세요. 그러면 두려움은 녹아 없어지고 사랑이 찾아올 것입니다. 당신의 집착을 이해하세요. 그러면 집착은 사라지고 자유가 찾아올 것입니다."

경이로워하고 경외심을 느끼던 어린 시절로 돌아가세요. 지성이 당신을 혼돈으로 몰아가도록 내버려두지 말고, 지성을 원래 목적에 맞게 사용하세요. 가슴을 열고 현실을 통제하려는 노력을 멈추면, 사방에서 놀라운 일들이 일어나기 시작할 것입니다. 기쁨과 자유의 느낌을 되찾게 될 것입니다.

6장

모든 것은
하나의 생각으로 시작된다

무엇보다도 우리는 과거의 기억들을 무수히
지니고 있는데, 그 기억들은 우리가 내리는 결정에
매우 중요한 역할을 합니다.
우리가 삶 속으로 끌어당기는 것들도
이런 기억들의 영향을 받습니다.

우리는 생각으로 창조합니다. 어떤 것이든 존재하고 나타나기 위해서는 먼저 생각되어야 합니다. 이 책도 실제로 만들어지기 위해서는 먼저 누군가가 이 책의 집필을 생각해야 했으며, 사람이 달 위를 걷는 것도 먼저 누군가가 그 일이 가능하다고 생각한 뒤에야 실현될 수 있었습니다. 이처럼 모든 것은 하나의 생각에서 시작되어 물질계에 나타났습니다.

생각의 힘은 아주 강력합니다. 하지만 불행히도 생각들은 흔히 우리의 믿음과 감정, 집착에 의해 오염됩니다. 우리는 선입견과 편견, 두려움, 판단에 사로잡혀 자유로운 백지 상태에서 생각하지 못합니다. 우리가 생각하는 모든 것은 기억들, 프로그램들에 근거하고 있습니다. 왜 이렇게 된 것일까요?

어린아이일 때 우리는 사람들의 말을 듣고 행동을 봅니다. 사람들은 우리에게 어떤 말을 하거나 행동을 하며, 이런 경험에 따라 우리는 어떤 결정들을 합니다. 그러다가 어느 시점이 되면 우리는 현실이란 어떤 식이라고 믿게 되며, 그런 식으로 현실을 만들어가기 시작합니다. 이렇게 하여 우리는 스스로 믿는 것을 끊임없이 재생해내는 악순환 속에 갇혀버리고, 그 결과 많은 혼란과 불행을 경험하게 됩니다.

우리는 자신의 견해에 집착하면서도 자신이 가지고 있는 수많은 믿음들을 알아차리지 못합니다. 이런 많은 믿음들이 서로 충돌하며 갈등을 빚습니다. 무엇보다도 우리는 과거의 기억들을 무수히 지니고 있는데, 그 기억들은 우리가 내리는 결정에 매우 중요한 역할을 합니다. 우리가 삶 속으로 끌어당기는 것들도 이런 기억들의 영향을 받습니다.

창조를 위한 가장 확실하며 유일한 길은 영감입니다. 하지만 (어떤 편견도 없는) 영감으로부터 출발하려면 제로 상태에 있어야 합니다. 우리는 우리의 근원인 공(空)으로, 제로 상태로 돌아가야 합니다. 제로 상태에 있을 때는 생각도 없고 비난도 없습니다. 그때 우리는 열린 통로가 됩니다. 정말 놀라운 일들은 제로 상태에서 일어납니다. 영감은 새로운 아이디어와 새로운 정보를 가져옵니다. 인터넷을 발명한 사람은 영감이 어디에서 왔는지 알지 못합니다. 그저 영감이 떠올랐을 뿐입니다. 제로 상태에 있을 때 당신은 흐름에 열리게 됩니다. 영감이 당신을 안내하고 데려가도록 허용하게 됩니다. 그러면 저절로 아이디어들이 찾아옵니다. 이 자리에서 당신은 안내와 보호를 받습니다. 제로 상태에서는 모든 것이 가능하며, 기적을 포함한 어떤 일도 일어날 수 있습니다.

"이걸 내가 어떻게 알지?"라는 의문을 가질 수도 있습니다. 사실, 많은 경우에는 떠오르는 것이 영감인지 기억인지 알기 어려울 것입니다. 당신이 할 일은 그저 계속 정화하여 (놓아버려) 영감에서 오는 아이디어를 끌어올 기회를 늘리는 것뿐입니다. 가능한 한 많이 계속 정화하세요. 여전히 상황들에 집착하거나 관여할 때가 많을지도 모릅니다. 우리 대부분이 그렇게 합니다. 그래도 계속 정화하세요. 우리의 궁극적인 목적은 매순간 영감을 받을 수 있도록 최대한 열려 있는 것이기 때문입니다. 그러다 보면 문들이 열리기 시작하고 더 많은 기회들이 찾아올 것입니다. 하지만 걱정하고 생각하며 불평하느라 마음이 바쁘다면 그런 흐름에서 벗어나 이런 기회들을 놓치게 될 것입니다.

7장

다시 어린아이처럼

—

그때 당신은 어떤 것도 걱정할 필요가 없다는 것을
알게 됩니다. 혼자가 아니기 때문입니다.
가슴의 지혜를 신뢰하세요. 이미 당신 자신인
지혜로운 아이로 돌아가세요.

진실로 너희에게 이르노니 너희가 돌이켜
어린아이들과 같이 되지 아니하면 결단코 천국에 들어가지 못하리라.
(마태복음 18장 3절)

마음이 청결한 자는 복이 있나니 저희가 하나님을 볼 것이요.
(마태복음 5장 8절)

어릴 때 우리는 더 잘 알았습니다. 무척이나 지혜로웠습니다. 매순간을 살았으며, 자유롭고 즐겁게 뛰놀았습니다. 판단이 거의 없었습니다. 우리가 보는 모든 것에서 호기심과 경이로움을 느꼈습니다. 가슴은 열려 있었고 순수했습니다. 자신이 유일한 존재로 창조되었다는 것을 알고 있었고, 다른 누구보다 잘할 수 있는 어떤 재능이 있다는 것도 알고 있었습니다. 자신에게 선물로 주어진 재능이 무엇이든 그것을 즐겼습니다. 누구는 그림을 그렸고, 누구는 달리기를 했고, 누구는 이야기를 들려주었으며, 누구는 노래를 불렀습니다. 그렇게 우리는 저마다 타고난 재능을 좋아했고 즐겼습니다.

그런데 안타깝게도 우리는 어린 시절부터 거짓말 하는 법을 배워버렸습니다. 다른 사람들이 싫어서, 혹은 다른 사람들과 다르고 싶지 않아서 자연스러운 앎을 포기했습니다. 어린아이일 때 우리는 끊임없이 어딘가에 '소속'되려고 애를 썼고, 그 때문에 우리 자신이 아닌 다른 사람인 척 가장하는 법을 배웠습니다. 용서하는 법을 잊은 채 다른 사람을 우선하기 시작했습니다.

사회는 일찍부터 우리에게 사랑은 무조건적인 것이 아니라고 가르치고, 우리는 남들의 비위를 맞추는 사람들로 변해 갑니다. 사회에서 살아남기 위해서는 그래야 한다고 생각하기 때문입니다. 남들이 우리를 어떻게 생각하는지가 점점 더 굉장히 중요해지고, 우리는 외부의 인정을 구하기 시작합니다. 자신을 타인과 비교하는 데 선수가 되어가며, 우리가 어찌할 수 없는 외부의 기준들에 맞춰 완벽해지기를 추구합니다. 이런 것들을 한번 배우고 나면 우리는 자주 비참한 기분을 느끼게 됩니다.

이런 부정적인 훈련을 오랜 세월 집중적으로 받았기에 우리가 어린아이 같은 원래의 상태, 은총의 상태로 돌아가려면 어느 정도 노력을 해야 합니다. 그러기 위해서는 반드시 우리의 기억들을 놓아버려야 하며, 특히 모든 것을 알고 있다고 말하는 기억들을 놓아버려야 합니다.

앞서 말했듯이, 지성은 알기 위해서가 아니라 선택하기 위해 창조되었습니다. 그것을 알든 모르든 당신은 늘 선택을 하고 있습니다. 학위가 얼마나 많고 재산이 얼마나 많든, 혹은 어떤 가문에서 태어났든 상관없이 당신이 정말로 아는 것은 아무것도 없습니다. 그리고 이 사실을 알기 전까지는 기회를 얻지 못할 것입니다. 은총의 상태로 돌아가기 위해서는 오만함을 내려놓고 좀 더 겸손해져야 합니다. 그동안 쌓아온 수많은 지식도 내려놓고 대학 학위들도 내려놓아야 합니다. 왜냐하면 낡은 기억들이 지워질 때만 순수한 가슴으로 돌아갈 수 있기 때문입니다.

이상하게도 우리는 예컨대 의자에 대해서도 우월감을 느끼지만, 의자와 우리의 차이점은 하나뿐입니다. 의자에게는 자유로운 선택권이 없다는 것입니다. 그러나 의자는 자기가 누구인지 알고 있고, 당신은 모르고 있습니다. 의자와 당신의 진짜 차이점은 이것입니다. 그래서 의자는 자기에 대해 의문을 제기하지 않으며, "내가 의자인가? 내가 안락의자인가? 나는 나무로 만들어졌나, 스테인레스로 만들어졌나?"라며 궁금해하지 않습니다. 의자와 달리 우리는 자기가 누구인지 전혀 모르고 있습니다.

우리에게는 세 가지 부분이 있습니다. 의식적인 마음(지성 혹은 어머니 측면), 무의식적인 마음(내면의 아이), 그리고 초의식적인 마음(아버지 측면)이 바로 그것들입니다. 삶에서 가장 중요한 것은 내면의 아이와의 관계입니다. 왜냐하면 내면의 아이는 모든 기억을 지니고 있고, 우리가 정화(호오포노포노)를 할 때 초의식과 연결시켜 주기 때문입니다. 초의식은 완전하며 자기가 누구인지 정확히 알고 있는 우리의 일부입니다. 초의식은 전체 우주와 신성, 곧 창조주와 연결되어 있습니다.

다시 어린아이로 돌아가기 위해서는 많은 것을 정화해야 하지만, 이 여행에서 첫 번째 단계는 깨어나는 것입니다. 이 여정은 충분히 노력할 만한 가치가 있습니다. 더 잘 알게 될수록 더 나은 선택을 할 수 있기 때문입니다. 그러면 우리는 놓아버림을 선택할 수 있고, 지혜와 다시 연결될 수 있으며, 가슴을 신뢰할 수 있게 됩니다.

가슴은 거짓말을 하지 않습니다. 가슴은 당신에게 가장 알맞은 것이 무엇인지 말해 줄 것입니다. 가슴속에서 옳게 느껴지지 않는 일은 하지 않는 것이 좋습니다. 결정하거나 행동하기 전에 가슴과 상의하세요. 다시 신의 자녀가 되세요. 더 잘 아는 그 상태로 돌아가세요. 그때 당신은 어떤 것도 걱정할 필요가 없다는 것을 알게 됩니다. 혼자가 아니기 때문입니다. 가슴의 지혜를 신뢰하세요. 이미 당신 자신인 지혜로운 아이로 돌아가세요.

8장

용서

우리는 자기를 용서하고 사랑하며
다정하게 대하는 법을 배우지 못했습니다.
자기 자신을 사랑할 때, 분명히 우리는 우리를
사랑하는 사람들을 끌어들이게 됩니다.

용서만큼 영혼을 치유하고 새로운 문을 열어 주며 성장하게 하는 것은 없습니다. 용서하는 것이 어려워 보일지 모르지만, 사실 우리는 용서하는 능력을 지니고 태어났습니다. 그러나 자라면서 우리는 용서하지 않는 법을 배우고 그렇게 프로그래밍됩니다. 아이들을 유심히 살펴보세요. 아이들이 얼마나 쉽게, 얼마나 빨리 원망을 놓아버리는지 알게 될 것입니다.

무엇보다도 중요한 것은 자기를 용서하는 일입니다. 자기를 있는 그대로 받아들이고 사랑해야 합니다. 과거에 우리가 어떤 행동을 하고 어떤 말을 했든, 어떤 행동을 하지 않고 어떤 말을 하지 않았든, 그때는 더 잘 알지 못했기 때문에 그랬다는 것을 알아야 합니다. 자기 자신을 다정하고 따뜻하게 대하는 법을 배워야 합니다. 만일 우리 스스로 자기 자신을 용서하고 사랑하고 받아들이지 못한다면, 어떻게 남들이 우리에게 그럴 수 있겠습니까?

만일 자신에게 화가 난다면, 당신에게 화를 내는 것은 실제로는 당신이 아니라, 당신의 기억들로 인한 그리고 그 기억들에 대한 당신의 반응들입니다. 의식하지 못하는 사이에 그 기억들이 당신을 조종하고 있는 것입니다. 다른 사람에게 화가 날 때도 이와 같은 일이 일어납니다. 당신이 느끼는 불편한 마음은 그 사람과 아무런 관계가 없습니다. 그것은 당신의 내면에서 반복되는 기억에 온전히 좌우됩니다. 당신에게 영향을 미치는 것은 그들이 당신에게 한 행동 자체가 아니라, 그 행동에 대한 당신의 반응입니다. 모든 사람이 그 상황에서 당신과 똑같이 반응하지는 않습니다. 그 반응은 모두 당신의 '인식'에 달려 있으며, 그 인식 역시 기억에 의해 조종됩니다. 모든 것이 반복되는 기억에 영향을 받는 것입니다. 물론, 다른 사람들도 그들의 기억에 의해 조종되고 통제당하기 때문에 어떤 행동들을 합니다. 이 점을 명심할 필요가 있습니다.

당신의 유일한 책임과 힘은 그 기억들을 놓아버리는 것입니다. 남들에게 얘기하고 설명하며 자신이 옳기를 바랄 때는 거의 변화가 일어나지 않습니다. 용서하지 않을 때 당신은 상대방에게 상처를 주는 것이 아니라 오직 자기 자신에게 상처를 주고 있습니다. 그러니 자유롭기를 원한다면 용서하고 놓아버리기 바랍니다. 당신에게 상처를 준 사람에게 (가슴으로) "고마워요."라고 말하세요. 왜냐하면 그 사람은 한 번 더 놓아버릴 기회를 주기 위해 나타났기 때문입니다. "저항하면 지속된다."는 유명한 말을 들어본 적이 있나요? 정말 맞는 말입니다. 당신이 놓아버릴 때 상대방도 놓아버리게 됩니다. 두 사람이 없으면 탱고를 출 수 없는 법입니다.

어떤 일이 일어날 때 늘 당신에게 100% 책임이 있습니다. 당신 내면의 어떤 것이 그 상황을 끌어온 것입니다. 이 말이 낯설고 받아들이기 어려울지 모릅니다. 그렇지만 당신의 내면에는 어떤 상황이나 사람들을 끌어들이는 무언가가 있으며, 그들은 당신이 자신을 대하는 방식대로 당신을 대할 것입니다. 우리는 자기를 용서하고 사랑하며 다정하게 대하는 법을 배우지 못했습니다. 자기 자신을 사랑할 때, 분명히 우리는 우리를 사랑하는 사람들을 끌어들이게 됩니다.

성폭행이나 학대를 당한 적이 있는 사람이라면 이 글을 읽고 분노를 느낄지도 모릅니다. 그래도 곰곰이 다시 한 번 생각해 보라고 말하고 싶습니다. 어쩌면 당신은 진보된 영혼이라서 이런 경험을 선택했을지 모릅니다. 또는 지금 알지 못하는 어떤 오래된 빚을 갚고 있는지도 모릅니다. 과거에 어떤 일을 겪었고 지금 어떤 일을 겪고 있든, 난관을 극복하고 자유로워지기 위해서는 스스로 100% 책임을 지고, 각각의 상황 속에는 축복이 존재한다는 것을 받아들여야 합니다. 비록 아직은 그렇게 바라볼 수 없다고 해도 말입니다.

과거에 '피해자'였거나 학대를 당했지만 지금은 위대한 강연자나 동기부여가, 혹은 성공한 사업가가 된 여성들이 많이 있습니다. 그들이 그렇게 될 수 있었던 이유는 다른 사람과 달랐기 때문입니다. 그들이 변할 수 있었던 까닭은 무엇일까요? 자신에 대한 비난을 멈추고, 스스로를 피해자로 바라보지 않고, 자신의 경험을 통해 배우고 성장했기 때문입니다. 신은 결코 우리가 감당할 수 없는 것을 주지 않습니다. 자신을 계속 피해자로만 바라본다면 기회는 주어지지 않습니다.

당신이 요청하기만 하면 신은 도움과 지원의 손길을 내밀 것입니다. 기억하세요, 신은 당신에게 자유로운 선택권을 주었습니다. 그러므로 요청해야 합니다. 신이 당신을 도울 수 있도록 허용해야 합니다. 그래요, 당신에게는 선택할 자유가 있습니다. 지치고 좌절하고 절망감을 느끼더라도 당신은 언제든지 변화를 선택할 수 있습니다. 나는 당신이 변화하고 용서하며 자유로워지겠다고 결심하기를 진심으로 바랍니다. 하지만 상대방에게든 누구에게든 용서한다는 말을 직접 할 필요는 없습니다. 용서는 당신 자신을 위한 선물입니다. 진정한 용서의 기적을 경험하려면 가슴으로 용서하고 놓아버려야 합니다. 필요한 일은 그것뿐입니다.

9장

기대

—

지금 여기에 현존하면서 판단 없이 지켜보는 법을 배우면
깊은 행복을 느끼게 됩니다. 이 행복은 어떤 일이 기대하는 대로
되든 안 되든 그 결과에 영향을 받지 않습니다.
당신은 삶의 강물과 함께 흐르며 그 흐름이 됩니다.

기대들도 기억입니다. 기대들은 '우리의 일부'로부터 나오는데, 이 일부는 자기가 더 잘 안다고 생각합니다. 그리고 정확히 어떤 결과들이 나와야 하고, 일들이 어떠해야 하며, 무엇이 옳고 그른지를 우리에게 얘기합니다. 물론 전혀 기대를 하지 않는 것은 어려운 일입니다. 기대가 올라올 때마다 놓아버리고 정화하면 됩니다. 그러면 우리는 어린아이처럼 마음이 열리게 되며 가장 좋은 일이 일어나도록 허용할 수 있습니다. 기대를 놓아버릴 때 어떤 좋은 일들이 일어날지 우리는 알지 못합니다.

이런 면에서 호오포노포노는 마법과 같습니다. 정말로 그렇습니다. 어떤 결과들을 기대하지 않고 호오포노포노를 실천할 때 우리는 그런 마법을 경험할 수 있습니다. 호오포노포노에서 우리는 "기적을 기대하라."고 말하지만, 사실은 이것까지 정화하고 지워버릴 때 정말로 기적을 볼 수 있습니다. 마음속으로 우리는 어떤 기적이 어떻게 일어나야 하는지 안다고 생각할지 모릅니다. 그러나 진정한 기적은 기대와 함께 오지 않습니다. 그저 마법처럼 일어날 뿐입니다.

우리는 모든 것을 특정한 필터들을 통해 분석하는 경향이 있습니다. 집착, 믿음, 두려움들이 바로 그 필터들입니다. 삶에서 인식이란 중요한 요소이지만, 우리는 현실을 있는 그대로 보는 것이 아니라 필터들이 허용하는 대로 인식한다는 것을 깨닫지 못합니다. 또한 큰 그림을 보지 못하고 필터들이 보여 주고 얘기하는 것을 맹목적으로 믿기 때문에 좋은 기회들을 놓쳐버립니다. 우리는 기억과 믿음으로 창조한 세상에 살고 있습니다. 우주는 끊임없이 움직이고 변화하지만, 우리는 스스로 믿고 싶어 하는 것들 속에 갇혀 있습니다. 최악의 경우는 끌어당김의 법칙에 따라, 우리의 견해가 옳고 우리가 상황의 피해자임을 확인시켜주는 사람과 사건들만을 찾아내는 것입니다. 그러면 악순환에 빠져버립니다. 아인슈타인은 말했습니다. "어리석은 사람은 똑같은 방법을 반복하면서 다른 결과가 나오기를 기대한다."

사실 우리가 할 일은 놓아버림으로써 받을 수 있도록 열리는 것이 전부입니다. 이것은 어린 시절로 돌아가는 것과 같습니다. 어린 시절이 기억나나요? 그때 우리는 언제나 마음껏 뛰어놀고 꿈을 꾸며 웃었습니다. 아이들을 유심히 바라보세요. 아이들은 어떤 일이 뜻대로 되지 않아 짜증이 날 때도 어른들보다 훨씬 빨리 놓아버리고, 곧 다시 뛰놀고 꿈꾸며 웃음을 터뜨립니다. 아이들은 과거에 살지 않으며 미래를 걱정하지도 않습니다. 이것이 열쇠입니다. 기대해야 한다고 말하는 프로그램들을 놓아버리고, 기억도 기대도 거의 없는 어린아이처럼 다시 마음껏 뛰노세요.

유연하게 마음을 열고, 옳다고 생각하는 것을 놓아버리면, 우주와 주위의 것들을 알아볼 수 있게 됩니다. 그것들은 늘 그 자리에 있었지만 당신이 알아차리지 못한 까닭은 그것들이 다른 어떤 식이기를 기대했기 때문입니다. 기대는 사물과 사람, 장소들에 대한 우리의 집착에서 나옵니다. 우리는 스스로 자신의 감옥을 창조합니다. 우리는 자신의 노예입니다.

당신을 해방시키세요. 어떤 결과를 이루려는 집착과 기대를 놓아버리세요. 모든 것을 있는 그대로, 주어지는 대로 받아들이세요. 어떤 것도, 그 누구도 필요하지 않음을 깨달을 때 우리는 자유로워집니다. 그러면 우리는 모든 사람과 모든 것을 즐길 수 있습니다. 우주는 완전하며 그래야 하는 대로 존재합니다. 이 진실을 이해하는 유일한 길은 지금 여기에 현존하는 것이며, 판단이나 견해 없이 어린아이의 호기심으로 삶을 관찰하는 것입니다. 지금 여기에 현존하면서 판단 없이 지켜보는 법을 배우면 깊은 행복을 느끼게 됩니다. 이 행복은 어떤 일이 기대하는 대로 되든 안 되든 그 결과에 영향을 받지 않습니다. 당신은 삶의 강물과 함께 흐르며 그 흐름이 됩니다. 그리고 뜻밖의 행운들을 경험할 것이며, 믿을 수 없는 일들이 마법처럼 일어날 것입니다.

다음에 기대하지 않았던 어떤 일이 일어나면, 잠시 멈추어 깊이 숨을 들이쉬고 내면을 바라보세요. 자기 자신을 바라보세요. 바라는 대로 일이 풀리지 않을 때는 그 상황에 관여하지 말고 가만히 지켜보세요. 그리고 상황이 당신을 지배하는 힘은 오직 기억과 믿음에 의해서만 더 강해진다는 것을 알아차리세요. 기대를 놓아버리면 모든 이해를 넘어선 평화와 소망하던 평화를 만나게 될 것입니다. 그러면 당신의 행복은 어떤 상황에도 영향을 받지 않을 것입니다.

10장

놓아버림

삶에서 일어나는 모든 일은 우리가 놓아버릴 수 있는 기회이며,
마음속에서 반복되는 기억이나 프로그램을 지울 수 있는 기회입니다.
이 과정을 통해 우리는 완전함을 경험할 수 있고,
과거의 지배로부터 벗어나게 되며, 선한 우주와 하나가 됩니다.

놓아버릴 때는 어떤 일이 일어날까요? 놓아버릴 때 우리는 더 잘 아는 '자신의 일부'가 문제를 다루도록 허용하게 됩니다. 신은 우리에게 자유로운 선택권을 주었습니다. 그래서 우리는 우리의 방식대로 할지, 신의 뜻대로 할지를 선택할 수 있습니다.

그런데 어떻게 하면 놓아버릴 수 있을까요? 놓아버리는 방법은 다양하지만 어떤 방법을 이용하더라도 본질은 똑같습니다. 그것은 우리가 100% 책임을 지고 "미안해요. 이것을 창조한 내 안의 것들을 용서해 주세요."라고 말하는 것입니다. 100% 책임을 지고 정화하겠다는 결심을 하면, 곧바로 마나 (Mana) 즉 신성한 에너지가 내려와서 기억들을 지워줍니다.

어떤 기억이 지워지는 것일까요? 우리는 알지 못하고 알 필요도 없습니다. 어떤 기억이 지워지는지는 중요하지 않습니다. 더 잘 아는 '우리의 일부'는 놓아버릴 준비가 된 기억들이 무엇인지 잘 알고 있습니다.

누가 기억을 지우는지 궁금할 수도 있습니다. 기억을 지우는 것은 우리가 아닙니다. 우리는 허용할 뿐입니다. 기본적으로 이것은 컴퓨터로 프로그램을 내려받거나 컴퓨터 화면의 아이콘을 클릭하는 것과 아주 비슷합니다. 우리는 그 뒤에 어떤 일이 일어날지 알거나 이해할 필요가 없습니다. 그저 클릭하기만 하면 됩니다. 영적인 정화의 경우에도 마찬가지입니다. (예를 들어 "고마워요."라고 말함으로써) 아이콘을 클릭하면 더 잘 아는 '우리의 일부'가 나머지 일을 돌보게 됩니다.

때로는 우리가 어떤 상황이나 사람에 대해 정화한다고 생각할 수 있습니다. 그 때문에 버튼이 눌려 정화가 시작될 수도 있지만, 실제 우리는 무엇이 정화되는지 알지 못하며 정화가 일어나고 있는지도 알 필요가 없습니다.

우리는 완전하지만 기억들은 불완전합니다. 삶에서 일어나는 모든 일은 우리가 놓아버릴 수 있는 기회이며, 마음속에서 반복되는 기억이나 프로그램을 지울 수 있는 기회입니다.

이 과정을 통해 우리는 완전함을 경험할 수 있고, 과거의 지배로부터 벗어나게 되며, 선한 우주와 하나가 됩니다.

우리는 진정한 자신이 누구인지 알고 자유로워지기 위해 여기에 있습니다. 놓아버리는 것은 그것을 깨닫는 길입니다. 우리는 돈을 벌거나 집을 소유하거나 차를 사기 위해, 또는 완벽한 연인과 완벽한 사람을 찾기 위에 여기에 있는 것이 아닙니다. 놓아버리면 아마 그런 것들이 훨씬 쉽게 다가오겠지만, 삶의 참된 목적은 진정으로 초연해지고 자유로워지는 것입니다. 깨달음이란 우리가 찾는 행복이 우리가 가진 것이나 원하는 것에 달려 있지 않다는 것을 알아차리는 것입니다. 자기 자신과 집착으로부터 해방될 때 우리는 바로 지금, 바로 여기에서 행복하고 평화로울 수 있습니다.

그런데 놓아버리는 것이 그렇게 어려운 이유는 무엇일까요? 진정한 자신이 누구인지를 모르기 때문입니다. 우리는 무엇을 소유하고 어떤 사람들과 관계를 맺고 어떤 지위에 오르느냐에 따라 우리의 가치가 좌우된다고 믿습니다. 이런 믿음에 너무 익숙해진 나머지 그것을 진실이라고 확신합니다. 이렇게 알고 있는 한 우리는 깨어나기를 원치 않게 됩니다. 그리고 미지의 것을 믿느니 차라리 고통을 선택합니다.

역설적으로 들리겠지만, 원하는 것을 놓아버리면 당신이 꿈꾸던 것 이상을 받게 됩니다. 나의 경험이 그렇습니다. 놓아버리는 것이 쉬운 일은 아닐 수 있지만, 놓아버리면 실제 그런 일이 일어납니다. 믿고 놓아버리세요. 그리고 기적을 준비하세요. 더 이상 필요하지 않은 것들을 놓아버리면 큰 보상이 주어지기 때문입니다. 깨어나세요. 자기 자신만으로도 행복할 수 있다는 진실을 깨달으세요. 행복은 어떤 사람이나 어떤 것에 달려 있는 것이 아닙니다.

세상은 데이터에 의해 움직이며 우리 역시 마찬가지입니다. 이 데이터는 대부분 우리의 의식과 무의식 속에서 기억의 형태로 재생되지만, 우리는 그렇다는 사실조차 인식하지 못합니다. 당신이 찾고 있는 기쁨과 평화를 발견하고 자유로워지는 유일한 길은 이 데이터를 놓아버리고 영감(완전한 데이터)이 흐르게 하여 당신을 올바른 방향으로 안내하도록 허용하는 것뿐입니다.

프로그램(데이터)이 당신을 통제하고 있다는 사실을 자각하세요. 프로그램들의 통제로부터 놓여나기 위해서는 반드시 그것을 놓아버려야 합니다. 오직 그럴 때 당신은 알맞은 때에 알맞은 곳에 있게 될 것입니다.

11장

판단

하지만 자유롭기를 원한다면 먼저 선입견으로 왜곡되는
현실을 놓아버려야 합니다. 그러면 우리는 신이 그러하듯이
모든 것을 있는 그대로 볼 수 있습니다. 모든 것은
좋지도 나쁘지도 않으며, 옳은 것도 틀린 것도 아닙니다.
그것들은 그대로 있을 뿐입니다.

가끔 어딘가 갔을 때 그곳에 앉아 있는 어떤 사람을 보고는 처음 보는 사람인데도 강한 거부감이 들면서 "저 사람 옆에 앉고 싶지 않아."라는 생각이 든 적이 있나요? 십중팔구 그런 느낌은 당신의 프로그램 속에서 재생되는 기억 때문에 일어납니다. 어떤 기억에 근거한 판단이 그런 느낌을 불러일으키는 것입니다. 하지만 당신은 왜 그런 일이 일어나는지는 알지 못합니다.

언젠가 휴 렌 박사는 두 연인이 키스하고 포옹하는 모습을 보았는데 그들의 내면 아이는 서로 싸우고 있었다고 말했습니다. 이처럼 우리는 모르는 사이에 사람들과 동시에 다른 식으로 관계하고 있을 수 있습니다. 인간관계를 변화시키기 위해 반드시 말로 소통할 필요가 없는 것은 이런 이유 때문입니다. 자기의 기억을 정화하고 놓아버릴 때 우리에게서 지워지는 것은 다른 모든 사람에게서도 지워집니다.

불행히도 우리는 사건과 사람들, 삶을 기억을 통해 바라봅니다. 그러면서 자신이 알고 있다고 생각합니다. 이런 식으로 현실을 해석하기 때문에 우리는 많은 시간을 고통으로 보냅니다. 또 행복하고 평화로운 상태보다 자신이 옳다는 느낌을 더 좋아할 때도 많습니다. 하지만 자유롭기를 원한다면 먼저 선입견으로 왜곡되는 현실을 놓아버려야 합니다. 그러면 우리는 신이 그러하듯이 모든 것을 있는 그대로 볼 수 있습니다. 모든 것은 좋지도 나쁘지도 않으며, 옳은 것도 틀린 것도 아닙니다. 그것들은 그대로 있을 뿐입니다. 현실에 딱지를 붙이는 것은 바로 우리 자신입니다.

"정말 잘 하시는군요", "아름다우세요" 같은 칭찬을 받을 때도 그 말을 받아들일지 거절할지는 우리에게 달려 있습니다. 많은 경우 우리는 그런 말을 믿지도 않습니다. 우리는 스스로를 깎아내리며 말합니다. "아무나 할 수 있는 건데요, 뭘." 때로는 머릿속에서 이런 목소리를 듣기도 합니다. "만일 이 사람이 나의 다른 면을 알게 되면, 날 그렇게 대단하게 생각하지 않을 거야." 또는 칭찬받으면 기분이 좋아지기 때문에 우리를 칭찬하는 사람에게 집착하게 되고, 자신이 괜찮다는 기분을 느끼기 위해 그 사람을 필요로 하게 됩니다. 이 경우 그 사람이 우리에 대해 부정적인 말을 하면 세상이 무너지는 듯한 기분을 느낄 수도 있습니다. 우리는 자신과 타인의 판단에 비이성적일 정도로 지나친 중요성을 부여합니다.

우리 자신과 사람들의 판단은 모니터 위의 정보 같은 것입니다. 이 정보는 우리에게 무언가를 놓아버릴 기회를 주기 위해 나타납니다. 그것은 단지 지워야 할 데이터일 뿐입니다. 이런 사건들은 "미안해요. 내 안의 뭔가가 이걸 내 삶에 끌어들였어요."라고 말할 기회를 줍니다. 우리가 할 일은 단순합니다. 삭제 버튼만 누르면 됩니다! 모니터 위의 데이터에 대해서는 얘기할 필요가 없습니다. 모니터가 할 수 있는 일은 아무것도 없기 때문입니다. 그러니 소중한 시간을 낭비하지 말고 그냥 놓아버리기 바랍니다.

아무 일도 일어나지 않는 것처럼 보일 때에도 이 프로그램들은 항상 작동하고 있다는 사실을 자각하세요. 이것이 언제나 놓아버려야 하는 이유입니다. 그러니 어떤 일이 생기면 자신을 바라보세요. 외부에는 아무도 없습니다. 모든 판단으로부터 자신을 해방시키세요. 사건들에 대한 특정한 해석에 집착하지 말고, 그저 지켜보세요. 그러면 사건을 있는 그대로 볼 수 있습니다. 행복과 평화를 원한다면 견해와 판단들을 놓아버려야 합니다.

깨어나세요. 바라보고 관찰하세요. 생각하고 판단하고 견해들을 갖고 자기가 잘 알고 있다고 믿는 데 스스로 중독되어 있다는 사실을 깨달으세요. 쉽지 않아 보일지 모르지만 충분히 할 수 있는 일입니다. 호오포노포노를 통해 신은 우리에게 깊이 정화할 수 있는 기회를 줍니다. 어쩌면 수많은 생이 걸렸을지도 모르는 수준의 정화를 할 수 있게 해주는 것입니다. 호오포노포노의 정화는 빚을 다 갚는 것과 같고, 높은 이자를 받으며 은행에 돈을 넣어두는 것과 같습니다. 판단은 도움이 되지 않습니다. 진정 도움이 되는 것은 놓아버리는 것입니다.

12장

한 마리의 말을 타기

긍정적인 생각과 확언, 시각화를 아무리 많이 해도
내면의 아이가 당신에게 가장 좋고 알맞은 것을 끌어오지
못하는 이유는 당신이 그 길을 막고 있기 때문입니다.

내가 처음 읽은 영성 서적은 베네수엘라의 유명한 작가가 쓴 책이었습니다. 책에서 그녀는 이런 식으로 말하곤 했습니다. "많은 사람들이 올 것이다. 그들의 열매로 그들을 알아볼 것이다." 또 이런 말도 했습니다. "어느 누가 가르치거나 이야기하든 그 사람 너머를 바라보아야 한다."

내가 하고 싶은 말이기도 합니다. 명심해야 할 점이 하나 있습니다. 중요한 것은 메시지이지 그것을 전달하는 사람이 아니라는 것입니다. 어떤 경우에도 늘 가슴이 이끄는 대로 따라야 합니다. 더욱 중요한 것은, 어느 누가 정보를 주든지 항상 가슴에서 옳게 느껴지는 것을 따르고 그렇지 않은 것은 버려야 한다는 것입니다.

빠른 결과를 원한다면 한 마리의 말을 타는 것이 아주 중요합니다. 잠재의식 혹은 내면의 아이(호오포노포노에서는 '우니히 피리'라고 부름)는 숨을 쉬게 해주는 것처럼 당신을 위해 정화를 해줄 수 있습니다. 그러나 하나의 가르침에서 다른 가르침으로 옮겨가거나 여러 가지 방식을 섞어서 실천하면 그렇게 정화하기 어렵습니다. 왜 그럴까요? 내면의 아이가 혼란에 빠지기 때문입니다. 그러면 문제가 생길 때 잠재의식은 어떻게 해야 할지, 어떤 기법을 이용해야 할지 갈피를 잡지 못하게 됩니다. 하나의 말에서 다른 말로 갈아타게 되면 아주 좋은 정화의 기회를 놓칠 수도 있는 것입니다.

늘 정화를 하는 것이 쉬운 일은 아닙니다. 우리는 생각하고 반응하는 데 중독되어 있기 때문입니다. 깨어 있지 못할 때 우리는 자동조종 모드로 움직입니다. 그러면 기억들과 프로그램들이 우리 대신 작동하면서 선택하게 됩니다. 기계적으로 반응하는 대신 놓아버림(정화)을 선택하기 위해서는 깨어 있으면서 의식해야 합니다. 만일 우리가 한 마리 말만 타겠다고 결심하고 실천하는 것을 본다면(이 경우에는 '정화'만을 실천한다는 의미임), 내면의 아이는 자동적으로 정화를 하게 될 것입니다.

내면의 아이는 늘 당신을 관찰하고 있다는 사실을 기억하세요. 그 아이는 당신의 말보다 행동을 봅니다. 긍정적인 생각과 확언, 시각화를 아무리 많이 해도 내면의 아이가 당신에게 가장 좋고 알맞은 것을 끌어오지 못하는 이유는 당신이 그 길을 막고 있기 때문입니다. 예를 들어 긍정적인 생각을 하고 있다면, 이 생각은 당신이 의식적으로 인식하는 초당 15비트의 정보에 영향을 미칠 수 있지만, 그 이면에서 작동하는 초당 11,000,000비트의 무의식적인 정보는 이런 식의 부정적인 말을 하고 있을지 모릅니다. "난 부족한 사람이야. 돈을 벌려면 열심히 일해야 해. 돈은 더러운 거야." 우리는 이런 생각들을 의식적으로 알아차리지 못하지만, 우리의 내면 아이(잠재의식)는 그 11,000,000비트의 정보를 저장하며 그 정보들이 어디에 저장되어 있는지도 알고 있습니다. 이것이 바로 내면 아이가 최고의 파트너인 이유 중 하나입니다.

확언과 시각화는 초보적인 기법입니다. 당신이 막 깨어나 생각의 힘을 깨닫기 시작했다면 그런 기법들을 계속 연습해보세요. 하지만 쳇바퀴를 도는 데 지쳤다면 그 쳇바퀴를 멈출 수 있다는 것을 알기 바랍니다. 당신이 할 일은 자기 자신으로 존재하는 것이며 놓아버리는 것입니다.

호오포노포노에서는 우리의 근원이 사랑이라고 말합니다. 우리는 우리의 적들, 즉 내면에서 재생되는 기억들을 사랑합니다. 우리는 그 적들에 저항하지 않습니다. 내면의 아이가 어떤 방식으로 생각하거나 느끼도록 강요하지도 않고, 어떤 일들을 실현하도록 강요하지도 않습니다. 호오포노포노는 가장 쉬운 길입니다. 호오포노포노를 실천하면 자유와 행복, 이해를 넘어선 평화를 경험할 수 있기 때문입니다. 당신이 할 일은 어떤 결과들에 대한 기대와 집착을 놓아버리는 것뿐입니다.

오해는 말기 바랍니다. 계속 길을 찾는 것도 좋고, 여러 가지 방법을 훈련하는 것도 좋습니다. 하지만 일단 찾고 있던 길을 발견하고 자신에게 효과가 있는 방법을 발견했다면, 그것을 꼭 붙들고 한 마리의 말을 타기 바랍니다.

13장

선택받은 사람들

평화와 자유, 행복을 위해서는 이 모든 기대로부터 초연해질 필요가 있습니다. 자유로워지세요. 우리는 모두 신의 자녀들입니다. 우리는 모두 선택받은 존재들입니다.

우리 대부분은 불쾌한 일들이 일어나면 자신을 피해자로 느끼는 경향이 있습니다. 늘 자신을 피해자로 보는 사람도 있습니다. 이런 사람들은 온 세상이 자신에게 적대적이라고 믿습니다. 그러나 신은 어떤 경우에도 언제나 당신을 사랑합니다. 그것이 진실입니다.

놓아버리고 신뢰하게 되면 자신이 선택받은 존재라는 것을 깨닫게 됩니다. 당신은 세상에 하나밖에 없는 독특한 존재입니다. 놓아버릴 때, 당신은 신이 일하는 것을 보기 시작합니다. 또한 상상했던 것보다 훨씬 이상을 받을 뿐 아니라 그것들이 생각지도 못했던 경로로 주어지는 것을 보며 당신은 놀라워할 것입니다. 신이 당신을 얼마나 사랑하고 행복하기를 바라는지 깨닫고는 무척 놀랄 것입니다.

　불행히도 우리의 삶에 최대의 장애물은 바로 우리 자신이지만, 우리는 흔히 다른 사람을 비난합니다. 많은 사람들이 자기의 불행과 결핍을 신의 탓으로 돌리며 비난하지만, 신은 문제를 해결할 수 있도록 우리가 허용하기만을 기다리고 있습니다. 일단 허용하기만 하면 매순간 신이 우리에게 가장 알맞고 완벽한 것을 줄 수 있는 길이 열리게 됩니다. 여기에서 다시 기억해야 할 점은, 우리에게 가장 알맞고 완벽한 것이 무엇인지를 우리는 모른다는 사실입니다. 그러나 신을 신뢰하고 놓아버리면, 신이 당신을 위해 예비해 놓은 것을 보고 당신은 놀라게 될 것입니다.

　신이 직접 일하도록 허용하면 분명히 필요한 것을 필요한 때에 정확히 받게 됩니다. 막상 신에게 허용하며 내맡기려 하면 두려운 마음이 들 수도 있겠지만, 신에 대한 신뢰는 아주 중요합니다. 신을 신뢰하면 자신이 특별하다는 느낌이 들기 시작할 것입니다.

　내가 경험한 이야기를 하나 들려드리고 싶습니다. 20년의 결혼 생활을 뒤로하고 남편과 헤어질 때 내게 남은 것이라곤 입고 있는 옷이 전부였습니다. 그때 한 친구가 새 집으로 이사해 함께 살자는 제안을 했습니다. 둘의 수입을 합쳐 월세를 내면 더 크고 좋은 집에서 살 수 있을 거라는 말이었습니다. 그렇게 하기로 했습니다. 당시 친구와 내가 살고 있던 곳은 캘리포니아였습니다. 그런데 임대차 계약을 하기 이틀 전, 친구가 전화를 해서는 마음이 바뀌었다며 혼자 애리조나로 이사하겠다고 했습니다. 그 말을 듣고 나는 정화(놓아버림)를 시작했는데, 곧 부동산 중개인에게 전화를 해야겠다는 생각이 들었습니다. 그래서 그녀에게 전화를 걸어 내 이름만으로 계약이 가능한지, 나 혼자서도 계약 당사자가 될 수 있는지 물어보았습니다. 놀랍게도 그녀는 나의 제안을 받아들였고, 그 집으로 이사한 지 얼마 지나지 않아 여러 곳에서 일감이 들어오기 시작했습니다. 곧 나는 혼자서도 충분히 집세를 지불할 수 있게 되었고 다른 사람과 함께 집을 쓸 필요가 없어졌습니다.

그 일이 있은 지 8개월이 지났을 때, 집주인이 전화를 걸어 집을 팔고 싶다는 의사를 전해 왔습니다. 집주인은 내가 그 집을 좋아한다는 것을 알고 있기 때문에 나에게 우선권을 주고 싶다고 말했습니다. 그러나 집을 살 의향이 없다면 9월까지 집을 비워 달라고 했습니다.

당연히 나는 집을 사서 계속 살고 싶었습니다. 하지만 어떻게 그럴 수 있을까요? 나에게는 계약금으로 지불할 만한 돈이 없었고, 나 자신이 회계사였기 때문에 융자를 받을 자격이 되지 않는다는 것도 잘 알고 있었습니다. 나의 지성은 이삿짐을 싸라고 말하고 있었습니다. 그런데 내면의 무언가가 그 길은 최선의 선택이 아니라고 말했습니다. 그 순간 나는 나에게 말했습니다. "만일 이 집이 나의 살 곳이라고 신이 생각하신다면 융자 받을 길을 알려주실 거야. 나는 어떻게 해야 할지 모르니까." 나는 비켜서서 신이 직접 일하도록 허용할 필요가 있다는 것을 알았습니다. 가장 좋은 방법은 놓아버리고, 내맡기고, 그 일을 우주에게 넘겨주는 것이었습니다.

융자를 받도록 도와주겠다던 두 사람이 중도에 포기해 버렸습니다. 임대차 계약이 끝났고 융자도 받지 못했기 때문에 집주인에게 전화를 해야 했습니다. 나는 집주인을 설득하기 위해 무슨 말을 해야 할지 걱정하는 대신에 믿음과 확신을 갖고 상황을 내맡기기로 결심했습니다. 그리고 정화(놓아버림)를 시작한 뒤 집주인에게 전화를 했습니다. 놀랍게도 집주인은 "좋아요, 마벨. 사실 지금은 이 집을 팔기에 적당한 시기가 아닌 것 같군요. 임대차 계약을 연장합시다. 연장 계약서를 써서 팩스로 보내주세요. 사인을 해드리죠."라고 말했습니다. 이후 마침내 그 집을 사게 되었을 때는 융자를 받기 위해 누군가에게 전화를 할 필요조차 없었습니다. 새로운 부동산 중개인이 먼저 전화를 걸어와서 도움을 주겠다고 했고, 연장 계약이 만료되기 전에 융자를 받아주었기 때문입니다.

일들이 원하는 대로 흘러가면 우리는 선택받은 사람이라고 느끼게 됩니다. 그런데 우리가 깨달아야 할 점이 하나 있습니다. 선택을 받기 위해서는 우리가 먼저 허용하고 초연하기를 선택해야 한다는 것입니다. 우리는 우리에게 가장 알맞은 것이 무엇인지 모른다는 점을 인정하고 비켜서야 합니다.

자기 자신을 피해자로 보는 것이 지겹게 느껴지나요? 이미 충분한 고통을 받았나요? 당신이 소망하는 기쁨과 평화는 당신이 있을 거라 생각하는 곳에 있지 않습니다. 이웃이 바뀌기를 기다리고 있나요? 자녀가 마약을 끊고 바르게 살기를 기도하고 있나요? 사장이 임금을 인상해 주기를, 또는 남편이 성실한 사람이 되기를 바라고 있나요?

평화와 자유, 행복을 위해서는 이 모든 기대로부터 초연해질 필요가 있습니다. 자유로워지세요. 우리는 모두 신의 자녀들입니다. 우리는 모두 선택받은 존재들입니다. 생긴 모습은 저마다 달라도 우리는 모두 똑같은 아버지에게서 나옵니다.
이 점을 더 일찍 깨닫고 견해와 믿음, 판단을 놓아버리겠다고
더 일찍 결심할수록, 우리는 그만큼 더 빨리 피해자로 행동하
는 것을 멈출 수 있습니다. 자신이 선택받은 존재라고 느낄
수 있습니다.

14장

감정

이런 감정과 집착들은 우리의 영혼을 강하게
지배할 수 있지만, 그것들은 실재하지 않습니다.
진정한 우리 자신도 아닙니다.
감정들은 오직 우리가 그 감정이 실재한다고
믿는 만큼만 우리를 지배할 수 있습니다.

감정은 유용한 생존의 도구입니다. 예를 들어 두려움은 위험한 상황에 처했을 때 벗어나거나 피하라는 신호를 보냅니다. 하지만 감정들을 놓아버리지 못한다면, 감정들은 우리가 진정한 자신이 누구인지 알고 자유로워지는 데 큰 장애물이 될 수도 있습니다. 감정은 그 자체로는 아무런 잘못이 없습니다. 감정들은 단지 반복되는 기억일 뿐이며, 그러므로 실재하는 것이 아닙니다. 자유롭기를 원한다면 이 사실을 분명히 이해해야 합니다.

흔히 감정들은 우리가 갖지 않은 것을 가지려 하거나, 한때 가졌다가 잃어버린 것에 집착하거나, 원치 않는 것을 피하려할 때 나타납니다.

감정은 집착과 관련이 있습니다. 만일 행복이 어떤 사람이나 사물에 달려 있다고 믿을 만큼 그 대상에 강하게 집착한다면, 당신은 결코 행복할 수 없습니다. 자녀와 가족, 친구들을 사랑하지 말라는 말이 아닙니다. 집착하지 않는 사랑, 어떤 보답도 기대하지 않는 사랑을 이야기하는 것입니다. 행복이 외부의 사람이나 사물에 달려 있다고 믿지 않으면서도 사랑하고 보살피며 믿을 수 있는 부모와 배우자, 친구가 될 수 있습니다. 참된 기쁨은 내면에서 나옵니다.

아주 어린 시절부터 우리는 외부의 사람과 사물, 환경뿐 아니라 감정에 대해서도 집착하는 법을 배웠습니다. 이 점을 깨닫는 것이 중요합니다. 감정에 대한 집착은 마음속에서 반복되는 기억들이며 매우 강력한 프로그래밍입니다. 이런 감정과 집착들은 우리의 영혼을 강하게 지배할 수 있지만, 그것들은 실재하지 않습니다. 진정한 우리 자신도 아닙니다. 감정들은 오직 우리가 그 감정이 실재한다고 믿는 만큼만 우리를 지배할 수 있습니다. 이 점을 이해하면 우리는 행복을 위해 필요한 것을 선택하는 존재는 바로 자기 자신임을 깨닫게 됩니다. 그러므로 바로 지금 당신은 행복하고 자유롭기를 원하는지, 아니면 집착하고 불행하기를 원하는지 선택할 수 있습니다. 기분 좋은 감정이라도 결국엔 장애가 될 수 있다는 점을 기억하세요. 모든 것은 저마다의 때가 있으므로 그 감정도 조만간 끝이 날 텐데, 그 감정에 집착하고 있다면 순순히 놓아 보낼 수 없기 때문입니다.

그러면 얼마나 괴로울지 짐작이 가시나요? 우리는 감정에 대한 집착이라는 악순환을 창조했습니다. 행복한 감정을 위해서는 어떤 것이 필요하다고 생각하지만, 그것을 얻게 되면 다시 잃어버릴 수 있다는 두려움에 집착합니다. 그러나 진실은, 외부에는 행복한 감정을 줄 수 있는 사람이나 사물이 없다는 것입니다. 당신 자신이 있을 뿐이며, 당신은 행복을 위해 어떤 것들이 필요하다고 믿기를 선택했고, 결정들을 하고 있으며, 당신의 프로그램들이 작동하고 있을 뿐입니다.

부디 진실에 대한 저항을 멈추기 바랍니다. 스스로 자유로워지세요. 오직 진정한 당신만 존재할 뿐 외부에는 아무도 없습니다. 기억하세요, 문제는 당신이 문제라고 말하기 전에는 문제가 아닙니다. 그 문제는 문제가 아닙니다. 그 문제에 감정적으로 반응하는 방식이 진짜 문제입니다.

감정에 대한 과학적인 시각 하나를 소개하고 싶은데, 이 내용은 질 볼트 테일러 박사의 《긍정의 뇌(My Stroke of Insight)》

라는 책에서 인용한 것입니다. 1996년, 하버드 대학의 신경해부학자인 그녀는 좌뇌에 심각한 뇌출혈을 경험했습니다. 그녀의 책은 어느 누구도 얘기해 주지 않았던 회복 과정의 경험을 기록하고 있습니다. 그녀는 말합니다.

나는 책임감(responsibility; response-ability)을, 감각계로 들어오는 자극에 어떻게 반응할지를 선택하는 능력이라고 정의합니다. 대뇌변연계의 어떤 (감정에 관한) 프로그램은 자동적으로 활성화될 수 있지만, 이런 프로그램 중 하나가 활성화되어 온몸에 차오른 뒤 혈류 밖으로 완전히 빠져나가는 데 걸리는 시간은 90초 미만입니다. 예를 들어 분노라는 반응은 자동적으로 일어날 수 있도록 프로그램된 반응입니다. 어떤 계기로 분노라는 감정이 일어나면 뇌에 의해 분비된 화학 물질이 몸에 차오르고 생리적인 경험을 하게 됩니다. 이 감정이 처음 일어난 지 90초 안에 분노를 이루는 화학 성분이 혈류에서 완전히 빠져나가면 자동적인 반응은 끝이 납니다. 하지만 90초가 지났는데도 여전히 화가 나 있다면, 그 이유는 그 순환이 계속되도록 우리가 스스로 선택했기 때문입니다. 매순간 우리는 신경 회로 속으로 빠져들지, 아니면 지금 이 순간으로 물러나서 그 감정적인 반응이 스쳐가는 생리 현상으로 사라지게 할지를 선택하고 있는 것입니다.

인지적인 생각들을 관찰하고 바꿀 수 있다는 것을 지적으로는 알고 있었지만, 내 감정을 어떻게 인식할지 결정하는 권한이 내게 있을 줄은 상상조차 하지 못했습니다. 생화학 물질이 나를 사로잡았다가 풀어주는 데 걸리는 시간이 90초밖에 되지 않는다는 말도 들어본 적이 없었습니다. 이러한 자각은 뇌졸중 이후의 삶에 굉장한 변화를 가져다주었습니다.

많은 사람들이 행복을 선택하지 않는 또 하나의 이유가 있습니다. 분노와 질투, 좌절 같은 부정적인 감정을 강렬하게 느낄 때는 뇌에서 복잡한 회로가 활발하게 돌아가는데, 그럴 때는 우리가 강하다는 익숙한 느낌을 주기 때문입니다. 자신이 어떤 사람인지를 기억하는 데 도움이 된다는 이유로 일부러 습관적으로 분노의 회로를 돌리는 사람들도 있습니다.

참된 기쁨과 평화에 이르려면 어떻게 해야 할까요? 만일 그 대답이 집착과 감정, 기대와 외부의 것들로부터 거리를 두는 것이라면, 그것은 전적으로 맞는 답입니다. 이를 위한 가장 간단한 방법은, 자기의 감정에 대한 반응을 스스로 선택할

수 있음을 이해함으로써 자신의 현실에 100% 책임을 지는
것입니다.

　이제 당신은 알게 되었습니다. 그냥 감정들에게 고맙다고
말하세요. 감정들을 놓아버리고 자유로워지세요.

15장

현재를 살기

—

오늘 우리가 반응하는 대신 놓아버리기를 선택한다면,
혹은 기대와 판단, 견해들을 놓아버리고 침묵하며 정화하려고 한다면,
내일은 모든 것이 변할 수도 있습니다. 이렇게 정화할 때
어떤 일이 일어날지 우리는 알지 못합니다.

지금 이 순간, 당신은 필요한 모든 것을 가지고 있습니다. 만일 바로 지금 행복하지 않다면, 그것은 당신이 가지고 있는 것보다 가지고 있지 않은 것에 초점을 맞추고 있기 때문입니다. 현재를 살기는 무척 어렵습니다. 기억들이 우리를 끊임없이 과거와 미래로 데려가기 때문입니다. 우리는 좀처럼 지금 여기에 머무르지 못합니다.

다행히도 현재에 더욱 쉽게 머무를 수 있게 해주는 여러 방법들이 있습니다. 그 중에서 기본적인 것은 다음 세 가지입니다.

첫째는 호흡입니다. 호흡은 아마 가장 쉽고 효과적인 방법일 것입니다. 웃음 요가를 지도하는 나의 절친한 친구 사이러

스 온티키는 이렇게 말합니다. "호흡하고 있다면 당신은 현재에 있습니다. 현재에 있다면 당신은 즐거울 것입니다." 호흡을 의식하는 단순한 행위만으로 당신은 즉시 지금 이 순간으로 돌아옵니다. 두려움이나 걱정, 불안 속으로 빠져들 때 처음으로 하는 행동은 호흡을 멈추는 것입니다. 그런 사실을 알아차린 적이 있나요? 꾸준히 의식하면서 호흡을 하다보면 현재에 머무르는 힘이 길러지고 건강과 행복감이 증진됩니다.

웃음은 또 하나의 훌륭한 방법입니다. 문제들에 대해 웃어보세요. 문제들이란 단지 기억일 뿐이라는 것을 자각하세요. 자신이 끌어들인 모든 문제에 대해 웃을 수 있으며 그것들을 놓아버릴 수 있습니다. 웃고 있을 때 당신은 또한 호흡을 하고 있습니다. 그리고 지금 여기에 현존하고 있습니다.

위의 방법들 못지않게 훌륭한 마지막 한 가지는 감사입니다. 지금 가진 것들에 감사하면, 곧바로 현재로 돌아오게 되며 자신의 진동과 에너지가 변화됩니다. 감사하는 마음을 지니고 있을 때는 일들이 생각지도 못한 방식으로 일어나며 빠르게 진행됩니다. 진동이 변하면 당신이 끌어오는 것도 변하게 됩니다.

마음속에서 우리는 흔히 행복을 미래로 미룬 채 우리를 행복하게 해줄 무언가가 빠져 있다고 믿습니다. 외부의 물건이나 사람, 환경이 우리에게 진정한 기쁨을 줄 수 있다고 굳게 믿습니다. 하지만 그렇지 않습니다. 당신은 '생각하느라' 너무 바빠서 늘 바탕에 있는 자연스러운 기쁨을 알아차리지 못하고 있을 뿐입니다. 그 기쁨은 당신의 타고난 권리입니다. 당신은 지금 행복할 수 있습니다.

과거는 지나갔습니다. 과거에 대해 우리가 할 수 있는 일은 하나도 없습니다. 그러므로 과거를 놓아버리고, 매순간 당신에게 완벽한 것을 신이 가져오도록 허용하세요. 우리가 놓아버리는 법을 배우면 과거는 더 이상 반복되지 않을 것입니다.

미래는 우리가 알 수 없는 신비이며, 미래는 미래가 돌볼 것입니다. 미래는 우리가 지금 이 순간 내리는 결정들에 달려 있습니다. 오늘 우리가 반응하는 대신 놓아버리기를 선택한다면, 혹은 기대와 판단, 견해들을 놓아버리고 침묵하며 정화하려고 한다면, 내일은 모든 것이 변할 수도 있습니다. 이렇게 정화할 때 어떤 일이 일어날지 우리는 알지 못합니다. 기꺼이 100% 책임을 지려 한다면, 그리고 삶에서 만나는 모든 상황과 사람은 자유로워질 기회라는 사실을 안다면, 당신은 더 나은 선택을 할 수 있으며 그 선택들은 당신의 내일에 분명 좋은 영향을 미칠 것입니다. 신조차도 미래를 알지 못합니다. 우리에게는 자유로운 선택권이 주어졌으며, 신은 당신이 선택하기를 기다리고 있습니다.

기억하세요. 보이는 그대로인 것은 아무것도 없습니다. 당신의 현실은 오래된 기억들과 뿌리 깊은 프로그램들에 전적으로 좌우됩니다. 그러므로 다음 번에 어떤 사람과 안 좋은 일이 생기면 웃으면서 말하세요. "또 하나의 기회가 주어지다니, 참 재미있구나!"

가끔 우리는 짐을 지고 있는 듯한 느낌을 받지만, 현재와 현재가 가져오는 모든 것을 즐기는 데 집중할 때 그 짐은 더 가벼워지고 우리는 더 많이 웃게 될 것입니다. 신은 아주 멋진 유머감각을 지니고 있으며 어느 누구보다도 우리를 잘 알고 있습니다.

현실에 대한 재판관이 아니라 관찰자가 되세요. 초연함은 당신의 구원자입니다. 인생은 생각보다 더 재미있고 쉬울 수 있습니다. 어린아이들처럼 삶과 함께 흘러가세요. 아이들은 믿음이나 판단이 없습니다. 지금 여기에 현존하세요. 일어나는 일을 관찰하고 그 일에 감사하세요. 그렇게 허용할 때 삶은 순간순간 당신을 돌볼 것입니다. 오늘, 내일, 그리고 언제나.

16장

습관

습관들이 운명을 창조합니다.
자기 삶의 방향이 만족스럽지 않다면, 습관을 변화시켜
삶의 방향을 변화시켜야 합니다. 그것은 생각보다
쉬운 일입니다. 새로운 가능성과 현실에
마음과 가슴을 열어 습관을 끊어버리세요.

습관은 최악의 적들 중 하나입니다. 우리는 어떤 일을 어떤 방식으로 다루는 법을 배웁니다. 그런데 나중에 그 방식이 더 이상 효과를 발휘하지 못하는 때가 와도 우리는 계속 그 방식대로 행동합니다. 그것이 무의식적인 습관적 행동이 되어 우리의 기억 속에 저장되었기 때문입니다. 심지어 고통을 선택하는 것조차 습관적인 행동이 되기도 합니다. 그러면 우리는 습관적으로 고통을 선택하게 됩니다.

고통은 선택할 수 있는 것이며, 실제로는 당신이 고통을 선택하고 있다는 사실을 알고 있나요? 살다보면 온갖 일들이 일어날 수 있습니다. 삶이란 원래 그런 것입니다. 당신은 때때로 아픔을 느끼기도 하지만, 그럼에도 고통은 스스로 선택할 수 있는 것입니다. 문제는 상처나 아픔이 아니라, 그 상처와 아픔에 대한 반응입니다. 고통은 어떤 결과에 대한 집착 때문에 생깁니다. 집착하고 판단하는 것이 엄청난 고통을 일으키는 습관이라는 사실을 마음 깊이 이해해 보세요. 이런 무의식적인 습관적 행동들은 피할 수 없는 것이라고 믿을지 모르지만, 실은 그렇지 않으며 그런 습관들을 놓아버릴 수 있습니다. 그것이 좋은 소식입니다.

습관들을 끊어버리기 위해서는 스스로에게 실제 어떻게 하고 있는지를 관찰하고 알아차려야 합니다. 삶에서 일어나는 모든 일이 100% 자기의 책임이라는 것을 깨달아야 합니다. 당신은 결정하는 사람이며 항상 선택을 하고 있습니다. 당신은 상황을 바라보는 시각과 인식에 따라 선택을 하지만, 그런 인식은 믿음과 견해, 판단들로 오염되어 있습니다. 달리 말하면, 당신은 지금 일어나는 일을 창조하고 있으며, 그것을 변화시킬 수 있는 유일한 사람입니다.

올바른 질문을 던지고 올바른 자리에서 탐구해 보세요. 첫 걸음을 떼기로 결심하면 이런저런 일들이 일어나고 더 좋은 기회들이 나타나기 시작할 것입니다. 흔히 말하듯이, 학생이 준비되면 스승은 저절로 나타납니다. 우주는 당신이 깨어나기만을 기다리고 있습니다. 모든 것은 당신으로부터 시작해서 당신에게서 끝이 납니다. 그러므로 습관을 변화시킬 수 있는 사람은 오직 당신뿐입니다. 어느 누구도 당신 대신 그렇게 해줄 수 없습니다. 많은 사람들이 변화의 방법을 알려줄 스승을 외부에서 찾지만, 변화하는 데 필요한 모든 것은 당신 안에 있으며, 어떤 것이 효과가 있는지 아는 사람 역시 당신뿐입니다.

가야 할 방향을 알려주고 정보와 기법을 전해 줄 스승들을 만날 수도 있겠지만, 만일 스스로 직접 시도하고 연습하며 도전하지 않는다면 어느 누구도 당신을 대신해서 그 일을 해줄 수 없습니다. 당신만이 자신의 패턴을 깨뜨리고 자신의 운명을 바꿀 수 있습니다. 어떤 사람들의 경우에는 "이 정도면 충분해."라고 말할 수 있는 지점에 이르려면 많은 고통을 겪어야 할지도 모릅니다.

습관들이 운명을 창조합니다. 자기 삶의 방향이 만족스럽지 않다면, 습관을 변화시켜 삶의 방향을 변화시켜야 합니다. 그것은 생각보다 쉬운 일입니다. 새로운 가능성과 현실에 마음과 가슴을 열어 습관을 끊어버리세요. 그 현실에서 당신은 삶에 나타나는 모든 것에 대해 100% 책임을 집니다. 선입견이나 판단, 견해들을 놓아버리세요.

안전지대를 떠나려 해보세요. 두려움을 느껴보고, 두렵더라도 한번 해보세요. 어느 누구도 당신 대신 그렇게 한 뒤 당신에게 이야기해 주지 않습니다. 스스로 경험해야 합니다. 그러기까지는 두렵게 느껴지는 일들도 해야 할지 모르지만 결과는 보장되어 있습니다. 안전지대를 떠날 때마다 새로운 문들이 열릴 것입니다. 다시 한 번 말하지만, 두려움을 느껴보고 두렵더라도 해보세요. 마음을 열고 놓아버리고 신에게 맡길 때 펼쳐지는 마법을 한 번 경험하기 시작하면 삶이 얼마나 쉬워질 수 있는지 알게 됩니다. 그러면 왜 진작 그러지 않았는지 의아해할 것입니다.

자신이 안다고 생각했던 것만큼 알지는 못한다는 것을 이해하세요. 새로운 정보가 들어오게 하려면 오래된 정보를 놓아버려야 합니다. 아마 혼란이 있겠지만 그것은 좋은 징후입니다. 혼란은 무언가가 일어나고 있다는 것을 의미하기 때문입니다.

어린 시절의 꿈을 생각해 보세요. 그것들이 단지 꿈일 뿐이라고 믿기로 결정한 사람은 바로 당신입니다. 아마 그런 꿈들을 좇으면 먹고살기 어렵거나 굶주릴 것이라는 말을 누군가에게 들어서 그랬을 것입니다. 무의식적인 습관적 믿음이 되어버린 이런 결정들에 도전하세요. 그런 습관들이 단지 기억일 뿐이며 놓아버릴 수 있다는 사실을 이해하면 모든 일이 훨씬 쉬워질 것입니다. 당신은 행복과 만족을 가로막는 습관들을 끝내기 위해 어떤 일이라도 기꺼이 할 각오가 되어 있나요? 물론 그런 꿈들은 이뤄질 수 없으니 포기해야 한다며 반대하는 사람들이 있겠지만, 그런 반대는 오히려 강력한 동기부여가 될 것입니다. 감사하세요. 불평하지 마세요. 좋아하는 일을 하세요. 더 열심히 노력하세요. 나쁜 습관들을 놓아버리고 안전지대에서 빠져나오세요. 그리고 용기를 내어 당신의 꿈을 추구하세요.

17장

중독

우리의 목표는 중독이 있든 없든 행복하고
평화롭게 사는 것입니다. 우리는 특별한 이유 없이도
행복한 단계까지 이르러야 합니다. 한번 이 느낌을 알게 되면
다시 중독에 빠질 때마다 빠져나올 수 있습니다.

중독은 기억입니다. 그러므로 기억이 어떤 것이든 우리는 중독을 지우고 놓아버릴 수 있습니다. 아마 당신은 "그렇지만 난 중독되는 성격이 아니야."라거나 "난 어떤 것에도 중독되어 있지 않아."라고 생각할지 모릅니다. 이런 추측들은 한번 재고해 볼 필요가 있습니다.

생각하는 것도 중독이라는 것을 알고 있나요? 우리는 생각하는 데 중독되어 있습니다. 사람들은 '제대로 생각하지' 못하면 제대로 살아갈 수 없다고 믿으며 두려워합니다. 그러나 실제로는 단순히 놓아버리고 우주를 신뢰할 때 일들이 순조롭게 흐르며 더 잘 풀려갑니다.

음식에 중독될 수도 있습니다. 우리는 음식이 꼭 필요하며 음식 없이는 살아갈 수 없다고 믿게 되었습니다. 그리고 음식을 마치 진통제처럼 이용할 때가 많습니다. 삶에서 부닥치는 어떤 일들에 직면하지 않고 피하거나 어떤 감정들을 회피하기 위한 방법으로 음식을 먹기도 하는 것입니다.

쇼핑 중독도 있습니다. 근사한 물건을 사면 기분이 좋아진다는 이유로 쇼핑을 한 적이 얼마나 많나요? 한번 생각해 보세요. 혹시 이런 중독들 가운데 당신에게 해당하는 것이 있나요?

중독은 다른 것들보다 놓아버리는 데 조금 더 시간이 걸릴 수 있습니다. 생각의 형태를 잘 살펴보면(생각도 형태가 있는 일종의 사물입니다) 중독들에는 고리가 있다는 것을 알게 됩니다. 그래서 좀 더 어렵긴 하지만 중독도 지워질 수 있습니다. 무엇에 중독되어 있든 인내하면서 평화로움을 유지하는 것이 중요합니다.

중독들이 '나쁘다'고 생각하지는 말기 바랍니다. 어떤 대상에 대항하면 그것은 계속됩니다. 자신의 중독을 사랑하고 받아들여 보세요. 중독에게 반대쪽 뺨, 사랑의 뺨을 내주세요. 담배에게, 술에게, 인간관계들에게, 이미 알고 있다고 주장하는 당신의 지성에게 "사랑해."라고 말해 주세요. 사랑은 모든 것을 치유합니다. 어렵고 힘든 것들을 놓아버리는 유일한 방법은 그것들을 사랑하는 것입니다.

인내하세요. 당신이 자기의 일을 할 때 신은 신의 일을 할 것입니다. 하지만 신은 신의 속도대로 완벽한 때에 맞춰 일할 것이며, 그 시기는 당신이 바라는 때와 다를 수 있습니다. 이 모든 과정이 진행되는 동안 기대를 내려놓는 것이 중요합니다.

중독에 대해 작업할 때 우니히피리(내면의 아이)와 함께 하면 큰 도움이 됩니다. 우니히피리는 우리의 감정적인 부분이기 때문입니다. 고통을 받는 것은 우니히피리입니다. 다행히 당신은 우니히피리를 위로해 줄 수 있습니다. 내면의 아이와 대화를 하세요. 그 아이에게 잘될 것이라고, 당신이 함께 할 것이라고 말해 주세요. 내면의 아이가 협조해 주어야 이 일을 끝마칠 수 있다는 점을 상기시켜 주세요. 그리고 이제는 내면의 아이를 내버려두지 않겠다고 다짐하고, 그동안 무시해서 미안하다고 말해 주세요.

지금 당신은 그동안 배운 것들을 내버리고 수많은 재프로그래밍을 하고 있다는 것을 명심하세요. 이 작업이 성공적으로 이루어지려면 자기 자신을 다정하게 대해야 합니다. 자기를 사랑하고 수용하는 것은 이 과정에서 더없이 중요한 요소입니다. 치유는 오직 사랑을 통해서만 이루어질 수 있습니다.

　일단 이 과정을 마스터하면 현실을 완전히 다른 관점으로 바라볼 수 있게 됩니다. 당신은 더욱 초연해지며, 자신을 둘러싼 생물과 무생물들로 이루어진 우주와 삶에 감사하게 되면서 중독에도 감사하게 될 것입니다. 중독이란 단지 기억일 뿐임을 깨닫고 스스로 100% 책임을 질 때, 마침내 그 중독을 바꿀 수 있게 됩니다. 또 자기 자신은 중독이 아니라는 것을, 하지만 그 중독을 스스로 창조하고 끌어들였기 때문에 스스로 놓아버릴 수도 있다는 것을 알게 될 것입니다.

　우리의 목표는 중독이 있든 없든 행복하고 평화롭게 사는 것입니다. 우리는 특별한 이유 없이도 행복한 단계까지 이르러야 합니다. 한번 이 느낌을 알게 되면 다시 중독에 빠질 때마다 빠져나올 수 있습니다. 그리고 소망하는 평화와 행복을 위해 자기의 내면을 들여다보게 되며, 행복을 위해 외부의 어떤 것도 중독도 필요하지 않다는 것을 알게 될 것입니다. 중독을 끌어오는 것은 자기 자신이 아닌 자기의 프로그램이라는 것을 깨닫고 그 중독에 100% 책임을 지게 되면, 그 중독에게 진심으로 "고마워."라고 말할 수 있게 됩니다. 또한 중독이 가져다준 성장의 기회에 감사하게 되고, 가슴속에 있는 참된 기쁨을 발견하게 될 것입니다. 이제는 그 중독이 더 이상 필요하지 않으며 그것을 놓아버릴 수 있음을 알고 있기 때문입니다.

기억하세요. 당신은 자기의 현실을 창조하기에 그 현실을 바꿀 수도 있습니다! 중독은 당신이 성장하고 참자아를 찾을 수 있는 또 하나의 기회입니다.

18장

두려움

———

당신은 신이 그러하듯이 우주를 두려움 없이
바라볼 수 있습니다. 그때의 바라봄은 태어나서
처음으로 세상을 바라보는 것과 비슷합니다.
그것은 새롭게 시작할 또 하나의 기회입니다.

세상아 멈춰! 난 그만 내리고 싶어! 가끔 이렇게 소리 지르고 싶은 기분이 들 때가 있지는 않나요? 그런데 노래는 아직 흐르고 있고, 이 노래가 끝날 때까지 우리는 계속 춤을 추어야 합니다. 춤을 추는 동안, 깨어나서 모든 것을 실제 있는 그대로 보세요. 물론 우리가 진실이라고 알고 있는 모든 것을 놓아버리는 것은 두려운 일입니다. 아는 것을 놓아버리고 미지의 것을 껴안으려 할 때는 두려움이 느껴집니다.

이 과정이 아름다운 점은 당신이 찾는 모든 것, 당신의 영혼이 갈구하는 것들이 이 미지의 것 속에 있다는 것입니다. 그동안 믿고 있던 것들을 놓아버릴 때가 되면 두려워지는 것이 당연하지만, 어쨌든 그것들을 놓아버려야 합니다. 그리고 도움을 요청하기만 하면 늘 도움이 주어진다는 것을 알기 바랍니다. 필요한 것은 요청하는 것뿐입니다. 당신에게는 자유로운 선택권이 있기 때문입니다. 우주는 당신이 요청하지 않으면 관여하지 않습니다. 호오포노포노를 실천하는 것은, 즉 두려움에게 "고마워."나 "사랑해."라고 말하는 것은 본질적으로 도움을 요청하는 것입니다. 그때 당신은 자기의 현실에 100% 책임을 지며, 신이 당신의 손을 잡고 안내하며 보호해주도록 허용합니다. 누구도 당신 대신 그렇게 해줄 수 없습니다. 당신은 혼자가 아닙니다. 요청하세요. 그러면 받을 것입니다.

당신은 그 두려움이 아니라는 것을 알면서 두려움을 바라보세요. 당신은 두려움의 너머에 있는 존재입니다. 이 사실을 알면서 두려움을 바라보면, 두려움은 즉시 녹아 사라집니다. 두려움이 사라지면 곧바로 그 자리에 영감이 들어와서, 아주 짧은 시간일 수 있지만, 당신을 다시 낙원으로 데려갈 것입니다. 그 뒤 다시 의심과 두려움이라는 기억이 나타나면, 그저 순간순간 계속 놓아버리세요. 두려움이 나타나면 호흡을 하면서 웃어버리세요. 두려움이 나타날 때 우리는 먼저 무의식중에 호흡을 멈춥니다. 그러므로 의식하며 호흡을 하는 이 작은 발걸음이 두려움을 놓아버리는 데 큰 도움이 됩니다.

당신은 신이 그러하듯이 우주를 두려움 없이 바라볼 수 있습니다. 그때의 바라봄은 태어나서 처음으로 세상을 바라보는 것과 비슷합니다. 그것은 새롭게 시작할 또 하나의 기회입니다. 당신이 소망하는 행복은 두려움과 의심, 견해와 판단들에게 전하는 "고마워."와 "사랑해."라는 말 뒤에 숨어 있습니다. 두려움에게 감사하세요. 두려움은 놓아버릴 수 있는 또 하나의 기회를 주기 위해 나타났기 때문입니다. 두려움은 이제 당신이 깨어나서 뭔가를 다른 식으로 할 때가 되었음을, 또는 아마도 행동하고 실천할 때가 되었음을 알려주는 훌륭한 알람시계입니다. 두려움은 우리가 스스로 마음속에 창조한 것이며, 우리가 두려움을 믿을 때 두려움은 더 강해집니다. 이 진실을 깨닫는 순간, 두려움은 녹아 없어질 것입니다.

19장

자신이 우선이다

다른 사람의 사랑과 인정을 구하기 때문에
다른 사람을 우선시합니다. 그런데 자기의 진정한 모습을
희생하는 대가로 타인의 인정을 받아도
여전히 행복하지 않다는 것을 발견합니다.

자라면서 우리는 자기를 우선하고 자기를 위하는 것은 이기적인 태도라고 배웁니다. 우리가 우리 자신을 어떻게 생각하는지보다 다른 사람이 우리를 어떻게 생각하는지가 더 중요하다고 배웁니다. 그래서 우리는 다른 사람의 비위를 맞추는 사람이 되어갑니다. 이것은 세상에 수많은 불행을 일으키는 슬픈 오해가 아닐 수 없습니다.

어느 날, 휴 렌 박사는 산책을 마치고 돌아와서 내게 말했습니다. "마벨, 난 지금 깊은 감동을 받았어요. 신이 우리에게 바라는 건 우리가 스스로를 잘 보살피고 '미안해.'라고 말하는 것뿐이라는 걸 깨달았기 때문이에요. 그것뿐입니다." 진실은 이렇게 단순합니다. 우리가 할 일은 타인의 비위를 맞추려 하는 대신에 자기 자신을 우선하는 것입니다.

　이런 말이 사회에는 위협적으로 들릴 수 있습니다. 사회는 우리의 행동에 대한 책임을 포함하여 모든 것이 외부 세상에 있다고 가르치기 때문입니다. 불행히도 우리는 다른 사람의 비위를 맞추기 위한 일들을 계속하지만, 자신에게 도움이 되지 않는 것은 남들에게도 도움이 되지 않는다는 것을 알지 못합니다. 반면에 자기 자신을 우선하면 우리는 다른 사람들도 그들 자신을 우선하도록 허용하게 됩니다. 다시 말해, 그들이 그들 자신으로 살도록 허용하는 것입니다. 자기를 먼저 돕지 않으면 진정으로 타인을 도울 수가 없습니다. 비행기를 타본 사람이라면, 비상시에는 다른 사람을 돕기 전에 먼저 자신이 산소마스크를 써야 한다는 승무원의 안내 방송을 들었을 것입니다. 한번 생각해 보세요. 만일 우리가 자신을 너무 등한시하여 타인을 도울 수 없는 지경에 이른다면, 그들에게 어떤 도움을 줄 수 있을까요.

　외부 세상에 의존하게 된 까닭에 우리는 엉뚱한 곳에서 인정을 구하고 있습니다. 다른 사람들이 우리의 결정을 인정해 주길 바라고 우리를 사랑해 주길 바랍니다. 그러면서도 우리 자신을 인정하고 사랑하지는 않습니다. 다른 사람의 사랑과 인정을 구하기 때문에 다른 사람을 우선시합니다. 그런데 자기의 진정한 모습을 희생하는 대가로 타인의 인정을 받아도 여전히 행복하지 않다는 것을 발견합니다. 진정한 우리 자신을 부정할 때 찾아오는 공허함은 그 무엇으로도 채울 수가 없습니다.

우리는 또한 다른 사람들을 위해 뭔가를 해주면 그 보답을 기대하며, 그들이 우리의 기대에 부응하지 않으면 매우 화가 납니다. 이런 식으로 우리는 자신과 타인을 구속합니다.

사실, 어느 누구도 우리가 허락하지 않은 것을 우리에게 할 수 없으며, 우리가 이미 자신에게 하고 있지 않은 것을 우리에게 할 수도 없습니다. 사람들은 우리가 자신을 대하는 대로 우리를 대합니다. 이 사실을 깨닫는 것이 쉬운 일은 아니지만, 우리가 삶에 무엇을 끌어당기든 그 모든 것은 우리에게 책임이 있습니다. 의식적으로 하지는 않을지 몰라도 우리가 그것들을 끌어당깁니다.

다른 사람들이 우리에게 어떻게 하는지는 우리의 현실과 아무 관련이 없습니다. 우리의 현실은 오직 우리가 허용하는 것일 뿐입니다. 모든 것은 오래된 기억과 프로그램의 반영입니다. 우리는 그런 기억과 프로그램을 허용할 수도 있고, 아니면 놓아버릴 수도 있습니다. 우리의 선택은 둘 중 하나입니다.

그러므로 이 악순환에서 빠져나오는 유일한 길은 모든 면에서 자기 자신을 우선하는 것입니다. 이것은 우리의 필요를 돌볼 때뿐 아니라 책임을 받아들일 때도 마찬가지입니다. 우리는 운명의 주인입니다. 오직 우리 자신만이 우리를 해방시킬 수 있습니다. 우리는 100% 책임을 받아들이기로 결심하고, 우리 자신을 용서하고, 놓아버리고, 자신에게 더 이상 도움이 되지 않는 기억을 지우도록 신에게 허용함으로써 그렇게 할 수 있습니다.

우리는 자주 외로움을 느끼며 엉뚱한 곳에서 동반자와 사랑을 찾습니다. 그러나 당신은 결코 혼자가 아닙니다. 신은 늘 당신과 함께 있습니다. 휴 렌 박사는 "신과 함께 하는 것보다 좋은 것은 아무것도 없습니다."라고 말합니다.

외부의 어떤 것도 당신을 행복하게 해줄 수 없습니다. 외부에서 찾는 모든 것은 일시적인 만족과 흥분만을 줄 뿐입니다. 그것들은 곧 사라지거나 시시해지며, 그러면 당신은 상실감으로 고통을 받게 됩니다. 그러니 내면을 바라보세요. 당신에게 필요한 모든 것이 존재하는 진정한 왕국은 거기에 있습니다. 자신을 온전히 받아들이고 사랑하는 법을 배우면, 다른 사람들을 훨씬 더 많이 받아들이고 사랑하게 될 것입니다. 자기 자신을 우선하게 되면 남에게 인정받고 싶은 마음이 사라집니다. 그러면 외부의 상황에 좌우되지 않는 참된 기쁨이 내면에 가득할 것입니다.

20장

평화는 당신으로부터 시작된다

외부 세상에 관여하고 대응하는 대신에 고요히
관조할 수 있게 되면, 가슴은 평화로 가득 차오를 것입니다.
기억들을 놓아버리면 신이 바라보듯이
삶을 바라보게 될 것입니다.

우리는 늘 문제들이 저절로 해결되기를 기다립니다. 상황들이 변하기를 바랍니다. 그러나 외부 세상을 마음대로 바꿀 수 없다는 사실을 깨닫고는 괴로워합니다. 분명 우리가 바꿀 수 있는 외부 환경은 별로 없지만, 자기 자신을 바꾸면 세상을 바꿀 수 있습니다. 우리가 평화로우면 주위의 모든 사람과 모든 것도 평화로워집니다.

　우리가 모든 사람과 모든 것을 인식하는 방식은 기억에 달려 있습니다. 혼란과 두려움, 불안을 경험할 때 우리는 그 기억들을 정화하고 놓아버릴 수 있습니다. 이제 우리는 그것들이 단지 반복되는 기억들이라는 것을 알게 되었습니다. 당신이 놓아버리면 신이 당신의 기억들을 지우며, 그 기억들은 다른 사람들에게서도 지워집니다. 다시 한 번 강조하지만, 스스로 100% 책임을 질 때 마음의 평화가 찾아옵니다. 자신이 아닌 것들을 다 놓아버릴 때 진정한 자신으로 존재하는 평화를 누리게 됩니다.

자신이 아닌 것들을 전부 놓아버리면서 정화하기 시작하면, 삶이 달리 보이기 시작합니다. 더욱 관조하게 되고 지금 여기에 더욱 현존하게 됩니다. 그러다 문득, 이전에는 보지 못한 방식으로 나무들이, 떨어지는 나뭇잎들이, 바다가 보이기 시작합니다. 그리고 이제까지 줄곧 눈먼 장님처럼 살아왔다는 것을 깨닫게 됩니다. 외부 세상에 관여하고 대응하는 대신에 고요히 관조할 수 있게 되면, 가슴은 평화로 가득 차오를 것입니다. 기억들을 놓아버리면 신이 바라보듯이 삶을 바라보게 될 것입니다.

평화롭기 위해서는 꼭 기억해야 할 점이 하나 있습니다. 생명을 죽이거나 나쁜 짓을 하며 해를 끼치는 행동은 원래 사람의 본성이 아니라는 것입니다. 사람들이 이렇게 행동하는 이유는 끊임없이 기억들에 의해 반응하고 있기 때문입니다. 그들은 자각하지 못하는 까닭에 그런 행위를 피하지 못합니다. 만일 누군가가 당신에게 못마땅한 행동을 하면, 깨어서 의식하고 관찰하기 바랍니다. 그리고 그가 그 순간에는 진정한 그 자신이 아니라는 사실을 알기 바랍니다. 그는 반복되는 기억에 의해 행동하고 있기 때문입니다. 만일 당신이 100% 책임을 지고 그것이 자신의 기억임을 이해하며 기꺼이 정화하고자 한다면, 당신에게서 정화되는 모든 것은 그들에게서도 정화됩니다. 기억하세요, 우리의 문제들은 대부분 조상들로부터 비롯되며 지금 일어나고 있는 일들은 대부분 현재와 관계가 없습니다. 모든 것은 단지 기억일 뿐입니다.

만일 사람들이 자신을 더 이상 피해자로 보지 않고, 비난을 멈추며, 어떤 것이 좋은지 알고 있다는 생각을 그만두고, 자신이 항상 옳다는 믿음을 그치면, 이 세상에 어떤 일이 일어날까요? 인류는 무지하며 잠들어 있습니다. 우리는 자신이 누구인지 알지 못합니다. 모든 사람이 기꺼이 100% 책임을 진다면 어떤 일이 일어날까요? 그러면 세상이 평화로워질까요?

2년 전쯤 호오포노포노를 강의하기 위해 칠레를 방문했을 때의 일입니다. 세미나는 토요일과 일요일 오전에 걸쳐 진행되었는데, 토요일 아침 첫 휴식 시간이 되자 한 팔레스타인 남자가 다가와 말했습니다. "저는 당신이 수업 중에 말한 것들에 전혀 동의할 수 없어요. 당신이 유대인이라는 걸 알았다면 이 수업에 오지도 않았을 겁니다." 나에게 배울 것이 전혀 없다고 생각한 그는 자신이 믿는 많은 것들에 대해 계속 얘기했습니다. 그가 이야기를 끝마쳤을 때, 나는 그의 모든 말에 동의한다고 말해 그를 놀라게 했습니다. 나는 우리가 같은 것에 대해 얘기하고 있으며 단지 그것을 다른 이름으로 부르고 있을 뿐이라고, 그러니 마음을 열어 달라고 부탁했습니다. 그는 내 말을 받아들였고 세미나에 계속 참석하기로 했습니다.

다음 날 아침, 다시 세미나에 온 그는 전날 밤 겪은 일을 들려주었습니다. 경찰까지 출동한 꽤 심각한 사건이었습니다. 그 상황에서 그는 전날 배운 호오포노포노의 도구 중 하나를 이용하였는데, 그 결과는 믿을 수 없을 정도였다고 합니다. 일들이 어찌나 기적적으로 해결되었는지 놀라울 따름이었다는 것입니다. 세미나가 끝나자 그는 나를 와락 포옹하며 외쳤습니다. "이것이 바로 중동의 평화로군요!" 이 일이 얼마나 심오한지 여러분이 이해하면 좋겠습니다. 나는 이야기나 토론으로 그를 설득하거나 내가 옳다고 주장하지 않았습니다. 단지 그가 얘기하는 동안 입을 다물고 마음속으로 이렇게 말했을 뿐입니다. "미안해요. 이런 상황을 창조한 내 안의 것들을 용서해 주세요." 나는 그를 외부의 존재가 아닌, 나의 생각과 기억의 일부분으로 의식하고 있었습니다. 그는 바로 그 때에 그 기억을 정화할 기회를 주기 위해 내 앞에 나타난 것 입니다.

자유와 평화를 원한다면 내면을 바라보세요. 자기 삶의 바 탕에 기억이 있다는 것을 깨달으세요. 당신은 기억에 근거하 여 판단을 하고 결정을 내립니다. 기억을 통해 모든 것을 바 라봅니다. 당신은 제대로 보거나 듣지 못하지만 자신이 이미 알고 있다고 생각합니다. 많은 기억들은 조상들로부터 비롯 된 것입니다. 그것들은 당신의 기억도 아닙니다. 하지만 누군 가는 이것을 정화해야 하며, 그 유일한 길은 용서입니다. 용 서하지 않을 때 당신은 다른 사람들이 아닌 자기 자신에게 상 처를 줍니다. 스스로 무슨 행동을 하고 있는지 알아차리지 못 했던 점에 대해서도 자신을 용서하기 바랍니다.

우리가 여기에 있는 이유는 오로지 잘못을 바로잡기 위한 것이며, 우리가 여기에 있는 것은 선물입니다. 고대의 문제해 결 기법인 호오포노포노는 이 점을 일깨워줍니다. 다시 말하 지만, 우리는 깨어나서 "미안해요."라고 말해야 합니다. 우리 가 죄를 지었거나 죄인이라서가 아니라 우리에게 100% 책임 이 있기 때문입니다.

깨어나면 더 잘 의식하게 됩니다. 집착 없이 지켜볼 수 있게 됩니다. 당신이 찾고 있는 평화는 자신으로부터 시작된다는 것을 깨닫게 됩니다. 마하트마 간디는 말했습니다. "세상이 변하길 원한다면 당신 스스로 그 변화가 되라."

21장

삶을 변화시키기

한번 어떤 것을 믿게 되면 우리는 그 믿음이
옳다는 것을 증명하기 위해 항상 노력합니다.
그래서 무의식중에 온갖 나쁜 것들을 삶 속으로 끌어당긴 뒤,
그것을 보며 역시 자기는 불운하다고 생각합니다.

당신은 삶을 변화시킬 수 있습니다. 외부의 어떤 사람이나 어떤 것에 의존하지 않고도 그렇게 할 수 있습니다. 당신이 이 사실을 모르는 이유는 자신이 누구인지를 잊었기 때문입니다. 당신의 힘은 외부가 아니라 내면에 존재하며, 그 힘은 외부의 어떤 것에도 의존하지 않습니다. 그것은 생각보다 훨씬 단순합니다. 삶을 변화시키고 싶다면, 필요한 것은 기꺼이 100% 책임을 지는 것뿐입니다.

어떤 일이 일어나고 있든, 또는 '삶'이 우리에게 어떻게 하는 것처럼 보이든, 실제 현실은 우리가 자기 자신에게 그렇게 하고 있다는 것입니다. 우리가 삶에서 무엇을 끌어당기는지, 삶에서 경험하는 것을 어떻게 인식하는지는 우리 자신의 반복되는 기억들과 '우리에게 얘기를 하는' 프로그램들에 의해 결정됩니다. 이 기억들은 언제나 작동하고 있습니다. 우리가 알든 모르든 그것들은 마치 마음속에서 재생되는 녹음테이프 와 같습니다. 그 기억들은 무엇이 좋고 나쁜지, 무엇이 옳고 그른지를 우리에게 말해 줍니다. 우리의 지성은 자기가 더 잘 안다고 생각하지만 실제로는 아무것도 모릅니다. 심지어 지 성은 자기가 이 기억들에 의해 통제되고 있다는 사실조차 모 르고 있습니다.

깨어날 때 우리는 더 잘 알게 됩니다. 더욱 의식하게 되며 더 나은 선택을 할 수 있게 됩니다. 최선의 선택은 자신이 피 해자라는 생각을 멈추는 것입니다. 왜냐하면 우리는 피해자 가 아니며 결코 그렇게 될 수도 없기 때문입니다. 만일 자신 을 외부 환경의 피해자로 보고 있다면, 당신은 자기 생각의 피해자입니다. 외부에는 아무도 없습니다. 모든 것은 당신의 인식에 달려 있습니다. 당신은 다른 사람이 자신에게 어떤 행 위를 하고 있다고 인식하지만, 외부에는 아무도 없습니다. 당 신이 실제로 보고 있는 것은 다른 사람이나 상황에 대한 생각 들입니다. 다시 말하지만, 외부에는 아무도 없습니다.

변화하는 것이 어려울 수 있습니다. 피해자의 역할을 연기하면 돌아오는 이득이 있기 때문입니다. 당신은 이 말을 단호하게 부정할지 모르지만, 자기의 힘을 포기하는 유일한 이유는 피해자로 살아가는 것이 어떤 이익을 주기 때문입니다. 아마 어느 정도 관심을 받을 수 있을 것입니다. 어쩌면 우리는 삶의 운전석에 앉는 것이 너무나 두려워서 그러는지도 모릅니다. 불행히도 우리는 자기의 말에 동의하고 자기가 피해자임을 확인시켜주는 사람들을 늘 찾아다닙니다. 무엇보다도 우리의 잠재의식은 자기가 옳다는 것을 증명하기 위해서라면 무슨 일이든 다 할 것입니다. "봤지? 내가 말했잖아. 남자들은 믿을 게 못된다고", "여자들은 나빠", "돈은 정말 벌기 힘든 거야"라는 등의 말을 입증하기 위해 필요한 사람과 상황들을 끌어당길 것입니다. 한번 어떤 것을 믿게 되면 우리는 그 믿음이 옳다는 것을 증명하기 위해 항상 노력합니다. 그래서 무의식중에 온갖 나쁜 것들을 삶 속으로 끌어당긴 뒤, 그것을 보며 역시 자기는 불운하다고 생각합니다.

어떤 일이 일어날 때 우리는 대응하는 대신 놓아버림을 선택할 수 있습니다. 스스로 피해자가 되는 습관을 그만둘 수 있습니다. 놓아버림은 의식적인 선택이며 더 나은 선택입니다. 놓아버림은 우리가 찾는 것 이상을 발견하게 해줍니다.

처음에는 습관을 깨뜨리기가 어려워 보일지 모르지만, 일단 방법을 배우게 되면 자기 삶의 주인이 되어 삶을 쉽게 변화시킬 수 있습니다.

자유로워지고 싶다면 100% 책임을 받아들이기 바랍니다. 스스로 창조하고 끌어당긴 것을 변화시키기는 쉽습니다. 문젯거리들을 삶 속으로 끌어당기는 무언가가 내면에 있을지 모른다는 가능성을 받아들이면, 곧 해답들이 떠오르기 시작할 것입니다. 완벽한 해결책이 나타나고 당신은 힘을 회복할 것입니다. 더구나 당신에게서 지워지는 것은 다른 사람들에게서도 지워지므로 당신은 사람들이 변하는 것을 알아차리게 됩니다. 하지만 실제로 변하는 것은 그들이 아니라 당신입니다. 당신이 변할 때 당신의 현실도 변합니다. 원하는 결과를 얻기 위해 말을 할 필요도 적어집니다. 자신이 옳다고 주장할 필요가 없어지기 때문입니다. 당신은 더 잘 알게 되고 '옳음'이 중요하지 않다는 것을 이해하게 됩니다. 진정한 당신은 문제들과 논쟁들의 너머에 있습니다. 이런 사고방식에서 해방되면 평화를 발견할 것입니다. 당신이 변화될 때 세상도 변한다는 것을 알게 될 것입니다.

우리는 모두 조금씩 다릅니다. 어떤 사람은 좀 더 많은 도전을 경험하는 것 같고 어떤 사람은 덜 경험하는 것 같아 보입니다. 그러나 우리 모두에게는 똑같은 기회가 주어집니다. 우리는 모두 같은 근원에서 나와 같은 근원으로 돌아갑니다. 만일 자기를 피해자로 보기를 멈추고 깨어나겠다고 결정한다면, 당신은 삶을 즐기며 1등석에 앉아 고향으로 돌아갈 수 있습니다. 그러나 계속 남 탓을 하며 비난을 멈추지 않는다면, 고향까지 헤엄을 쳐서 가야 할지도 모릅니다. 하지만 그럼에도 결국 우리 모두는 고향으로 돌아갈 것입니다. 그것은 우리가 바꿀 수 없는 유일한 것입니다.

22장

외모

전에 나는 무슨 일이 있어도 나 자신을 잘 돌보겠다고 다짐했고,
다시는 나 자신을 괴롭히지 않겠다고 약속했습니다.
자신에 대한 사랑은 인내할 수 있는 힘을 줍니다. 하지만
내면 아이의 도움이 없었다면 그렇게 할 수 없었을 것입니다.

우리가 자신에게 속삭이는 이야기 중에 행복과 평화를 쫓아 버리는 것들은 무엇일까요? 우리는 자신에게 최악의 적이 될 수도 있습니다. 자기의 외모를 못마땅해 하면 그런 감정은 자신의 현실에 악영향을 미칠 수 있습니다. 자신감을 잃고 자기에게 불만을 품게 되며, 다른 사람들이 자기를 안 좋게 평가한다고 믿게 될 수 있습니다.

거울을 보세요. 무엇이 보이나요? 뚱뚱한 사람이 보이나요? '다이어트'란 말을 들으면 언짢은 기분과 걱정이 몰려오나요? 좋아하는 음식을 마음껏 먹지 못하는 괴로움에 초점을 맞추고 있나요? 어쩌면 뚱뚱하고 무력하다는 느낌보다 더 괴로운 건 없을지도 모릅니다.

호오포노포노에서는 이것들을 기억의 반복이라고 말합니다. 이 기억들은 아주 강력합니다. 우리는 스스로 자유롭다고 생각하지만 이런 생각들과 프로그램들은 끊임없이 우리를 통제하고 있습니다. 그것들은 배후에서 늘 작동하고 있습니다. 우리는 깨어나서 더 나은 선택을 해야 합니다. 자각은 그 자체로 치유력이 있으며, 목표를 향한 가장 중요한 첫걸음입니다. 우리에게는 선택권이 있습니다.

물론 다이어트에는 노력이 필요합니다. 우리의 주변에는 늘 음식에 대해 생각하고, 함께 식사하기 위해 모이고, 어디에서 무얼 먹을지 얘기하는 사람들이 있습니다. 음식은 사회적인 것입니다. 어디를 가더라도 그곳에는 음식이 있습니다. 그런데 삶 속의 사람과 상황들은 실제로는 선물입니다. 그것들은 당신이 변화할 필요가 있는 것을 알아차리고 놓아버릴 기회를 주며, 그렇게 당신은 삶을 책임질 수 있게 됩니다.

어떻게 해야 하는 것일까요? 기본적으로 이런 기억들을 알아차리고 놓아버려야 합니다. 마음의 수준에서는 그렇게 할 수가 없습니다. 머릿속에서 끊임없이 일어나는 생각 중에서 우리가 알아차리는 부분은 미미하기 때문입니다. 놓아버리는 가장 좋은 방법은 우리가 창조하는 현실에 대해 100% 책임을 지는 것입니다. 나는 의식하거나 의식하지 못하는 기억들과 생각들을 끊임없이 정화하는 호오포노포노의 방법을 이용합니다. 나에게 최고의 방법은 이런 기억들에게 "고마워, 사랑해."라고 말하여 그것들을 놓아주는 것입니다.

이 과정은 잠재의식(내면의 아이)과 함께 하면 훨씬 더 쉬워집니다. 잠재의식이 이런 기억들을 가지고 있기 때문입니다. 하와이어로 우니히피리라고 불리는 내면의 아이는 우리의 현실을 만들어가는 우리의 일부분입니다. 따라서 우리의 현실을 변화시키기 위해서는 이 내면의 아이와 신뢰하고 사랑하는 관계를 단단히 쌓아가는 것이 무척 중요합니다. 그렇게 되면 이 여행이 훨씬 쉬워집니다. 고통을 받는 것은 당신 자신이 아니라 당신의 일부분이라는 것을 기억하세요. 바닐라 아이스크림이 없으면 살 수 없다고 생각하거나 더 많은 음식을 먹고 싶어 하는 것은 바로 당신의 그 일부분입니다.

휴 렌 박사와 일본을 방문했을 때 있었던 일입니다. 오키나와에서 머물 때 룸서비스를 요청하면서 닭고기 요리를 주문했는데, 닭고기와 함께 밥이 왔습니다. 그래서 밥을 야채로 바꿔달라고 부탁했고, 종업원은 그렇게 하겠다고 말하고 돌아갔습니다. 하지만 그들이 밥 대신 가져온 것은 야채가 아니라 감자튀김이었습니다. 나는 단점이라고 할 만큼 감자튀김을 무척 좋아합니다. 과거에는 감자튀김을 절대 거부할 수 없었을 뿐 아니라, 심지어 사람들이 먹다 남긴 감자튀김까지 다 먹곤 했습니다. 어쨌든 나는 감자튀김 하나를 입에 넣고 맛을 보았습니다. 그러나 곧 내뱉고는 감자튀김 접시를 들고 화장실로 달려가서 휴지통에 다 버렸습니다. 세상에, 내가 감자튀김을 버리다니! 도저히 믿을 수 없는 일이었습니다. 그렇게 할 수 있었던 이유는 내가 "이만하면 충분해."라는 지점에 이르렀기 때문입니다. 전에 나는 무슨 일이 있어도 나 자신을 잘 돌보겠다고 다짐했고, 다시는 나 자신을 괴롭히지 않겠다고 약속했습니다. 자신에 대한 사랑은 인내할 수 있는 힘을 줍니다. 하지만 내면 아이의 도움이 없었다면 그렇게 할 수 없었을 것입니다. 감자튀김을 뱉으면서 나는 내면의 아이를 계속 안심시켰습니다. "우리는 할 수 있어. 괜찮을 거야. 다 잘 될 거야."

하지만 주의하세요. 단지 체중이나 외모를 바꾸는 것만으로는 문제들이 해결되지 않을 것입니다. 체중과 외모는 외부의 모습입니다. 당신이 바꾸고 놓아버려야 하는 것은 자신에 관해 믿기로 결정했던 기억과 프로그램들입니다. 이것들이 바뀌고 놓여나지 않으면 행복은 일시적일 수밖에 없습니다. 행복은 외부 환경에 좌우되는 것이 아닙니다. 참된 행복을 위해서는 자신이 뚱뚱하다고 말하는 기억들에 대해 반드시 작업을 해야 합니다.

우리를 살찌게 하는 것은 음식이 아니라고 휴 렌 박사는 말합니다. 우리를 뚱뚱하게 만드는 것은 바로 우리의 생각들입니다. 반복되는 이런 기억들을 놓아버리기 시작하면 그 결과들을 보게 되며 더 나은 선택을 하게 될 것입니다. 이것은 연쇄 반응과 같습니다. 알맞은 행동을 할 때는 기분이 좋아지고 자부심을 느끼게 되며, 다른 것들은 제쳐두고 앞으로 나아갑니다. 그러면 기분이 점점 더 좋아지다가, 어느 순간 아무도 당신을 막을 수 없게 됩니다.

당신은 얼마나 절실히 그것을 원하고 있나요? 그것을 위해서라면 어떤 일이든 할 각오가 되어 있나요? 원하는 곳까지 이르기 위해서는 많은 노력이 필요하지만, 당신은 호오포노포노를 실천하고 전체 그림을 보며 그 과정을 즐길 수 있습니다. 온전한 책임으로 놓아버리기 바랍니다. 그러면 당신이 보고 느끼는 방식뿐 아니라 모든 것 안에서 참된 평화와 행복을 찾게 될 것입니다.

23장

행복

아이들이 노는 것을 지켜보세요. 즐겁게
지금 이 순간을 살아가는 아이들에게서 참된 행복을
보게 될 것입니다. 진정한 행복은 어떤 무엇이 원인이 되어
나타나는 것이 아닙니다. 행복은 존재의 상태입니다.

우리의 현실에는 우리의 모든 프로그램과 기억, 믿음, 집착, 감정, 기대들이 포함됩니다. 이것들은 헤아릴 수 없이 긴 시간에 걸쳐 서서히 쌓였습니다. 우리는 수없이 많은 생애 동안 눈멀고 귀먹은 채 살아왔습니다. 그리고 이제 완전히 분별력을 잃은 채 잘못된 곳에서 잘못된 사람들에게 사랑과 칭찬, 인정을 구하고 있습니다. 우리는 성공과 권력, 물질적인 것들을 추구하면서 그것이 우리를 행복하게 해줄 것이라고 믿습니다. 우리는 다른 사람들도 바꾸려고 합니다. 그들이 변하면 우리가 행복해질 것이라고 생각하기 때문입니다. 우리는 행복이 다른 사람들과 외부 환경에 달려 있다고 믿는 까닭에 우리의 힘을 계속 포기해 버립니다.

사람들은 행복이 어떤 경험이라고 생각합니다. 행복에 대해 어떻게 생각하느냐는 질문을 받으면, 아마 당신은 자신을 행복하게 해줄 것이라고 믿는 것들, 당신이 가지고 있거나 갖기 원하는 것들과 환경들, 사람들의 목록을 열거할 것입니다. 이는 거의 모든 사람들과 마찬가지로 삶에서 원하는 것을 가질 때 행복해진다고 믿기 때문입니다. 하지만 원하는 것을 이루거나 끌어당겼을 때 잠시 만족감을 느낀다 해도, 진정한 행복은 원인이나 결과와는 아무 상관이 없는 마음의 상태입니다. 다시 말해, 진정으로 행복할 때는 왜 행복한지 이유를 알수가 없습니다. 그냥 행복할 뿐입니다.

자라면서 우리는 행복하기 위해서는 어떤 것들이 필요하다고 배웠습니다. 하지만 진실은, 당신이 이미 행복하다는 것입니다. 단지 그 사실을 모르고 있을 뿐입니다. 믿기 어렵겠지만, 사실 불행은 당신이 노력하여 만든 것입니다. 불행은 당신이 스스로 창조한 마음 상태이기 때문입니다.

휴 렌 박사는 늘 말하기를, 우리는 이미 완전하지만 기억들이 불완전하다고 합니다. 기억들과 프로그램들은 행복을 위해서는 외부의 무엇이 필요하다고 속삭입니다. 그래서 우리는 외부의 것들, 결과들, 인간관계 등에 집착합니다. 그러나 열심히 노력하여 이런 것들을 얻는다 해도 우리는 여전히 불행합니다. 왜냐하면 이제는 가진 것을 보존하려고 애쓰게 되며, 집착하고 있는 대상을 잃어버릴까봐 두려워하기 때문입니다. 게다가 우리는 항상 다른 어떤 것을 원합니다. 그래서 간절히 원하던 것을 일단 얻게 되면, 그것을 얼마나 애타게 원했는지를 금방 잊어버리고는 아직 갖지 못한 다른 것에 온통 관심을 기울입니다. 그런 일이 너무나 자주 벌어집니다. 행복에 이르기가 쉽지 않은 이유는 우리가 집착하는 것들에 관심을 기울이기 때문입니다.

만일 우리가 지금 일어나는 어떤 일이나 사건, 사람 때문에 행복하다고 느낀다면, 그것은 참된 행복이 아닙니다. 흔히 우리가 행복이라고 부르는 것은 단지 행복의 경험일 뿐이며 잠시 느끼는 일시적인 만족감에 불과합니다.

다행히 자학적인 현실관으로 만들어진 불행을 제거하기만 하면, 그 아래 놓여 있던 행복이 환하게 빛을 발할 수 있습니다. 이를 위해서는 끊임없이 이어지는 생각과 기억들은 우리 자신이 아니라는 사실을 자각해야 합니다. 행복하려면 외부의 대상이나 환경, 사람들이 필요하다고 생각과 기억들은 말하지만, 우리는 생각과 기억들이 아닙니다. 실제 우리는 행복을 선택할 수 있습니다. 불행을 창조하고 있는 것은 바로 우리 자신입니다. 이 점을 인식하는 것이 중요합니다. 행복을 위해서는 무언가가 필요하다고 말하는 것은 모두가 기억일 뿐입니다. 그 기억을 놓아버리세요!

진정한 행복은 좀처럼 느끼기 어렵지만 알아보기는 쉽습니다. 아무 이유 없이 행복했던 때를 생각해 보세요. 아이들이 노는 것을 지켜보세요. 즐겁게 지금 이 순간을 살아가는 아이들에게서 참된 행복을 보게 될 것입니다. 진정한 행복은 어떤 무엇이 원인이 되어 나타나는 것이 아닙니다. 행복은 존재의 상태입니다.

자기의 불행을 이해하면 불행은 사라질 것입니다. 이해와 자각은 치유력이 있기 때문입니다. 자기 자신에게 어떻게 하고 있는지를 자각하면 자유로워질 수 있습니다. 자기 자신으로 존재할 기회를 발견하세요. 좋아하는 일을 하세요. 삶에 보답을 하세요. 다른 사람들을 도와주세요. 이런 것들은 당신의 내면에 있는 참된 행복을 상기시켜줄 것입니다. 행복은 기억들과 잘못된 선입견, 끝없는 걱정과 판단, 두려움, 그리고 결과를 통제하려는 욕망들 밑에 숨겨져 있는 당신의 타고난 권리입니다. 진실은 우리 모두가 행복하게 태어났다는 것입니다. 행복은 우리의 자연스러운 상태입니다.

은행의 잔고가 얼마가 되면, 혹은 그 사람이 마침내 당신을 사랑하게 되면 행복해질 것이라는 생각으로 자신을 속이지 마세요. 더 이상 시간을 낭비할 필요가 없습니다. 인생은 짧고 지금도 계속되고 있습니다. 당신이 가진 것은 오직 지금 이 순간뿐입니다. 지금 행복을 선택하세요!

24장

사람들에게 얘기하기
가장 좋은 시간

잠들어 있는 사람에게 얘기를 할 때
우리는 잠들지 않는 잠재의식과 직접 의사소통을
하게 됩니다. 당신이 얘기하고 싶은 대상은 바로
이 잠재의식입니다. 그 사람의 지성에게 얘기를 하는 것은
아무 소용이 없습니다.

사람들과의 관계에 문제가 있나요? 인간관계에서 좌절을 겪고, 아이들을 걱정하며, 상사 때문에 불행한가요? 그렇다면 그 사람이 잠들었을 때 그에게 얘기를 해보세요. 믿기 어려울지 모르지만, 이것은 다른 사람에게 당신의 메시지를 전하는 가장 효과적인 수단입니다. 방법은 아주 간단합니다. 그 사람이 잠들었을 때 그의 귀에 조용히 속삭이듯 말하는 것입니다. "사랑해요. 내 삶에 함께 해줘서 고마워요." 그게 전부입니다. 하지만 그 사람에게 앞으로 어떻게 행동해야 한다는 식의 지시는 하지 마세요. 사람들이 들을 필요가 있는 유일한 말은 당신이 그들을 있는 그대로 받아들인다는 말뿐입니다.

물론 당신과 함께 살지 않는 사람들이 있습니다. 그래도 마찬가지입니다. 당신 곁에 있지 않은 사람들의 경우에는 그들이 잠들었다고 여겨지는 때에 얘기를 하면 됩니다. 그들은 분명 당신의 메시지를 받게 될 것입니다.

잠들어 있는 사람에게 얘기를 할 때 우리는 잠들지 않는 잠재의식과 직접 의사소통을 하게 됩니다. 당신이 얘기하고 싶은 대상은 바로 이 잠재의식입니다. 그 사람의 지성에게 얘기를 하는 것은 아무 소용이 없습니다. 왜냐하면 지성은 즉시 자신을 방어하기 때문입니다. 시간을 낭비하지 마세요. 당신은 이미 지성에게 수없이 많은 대화를 시도해 보았지만 효과가 없었을 것입니다.

정화의 과정을 통해 오래된 기억과 선입견들을 놓아버릴수록 당신은 더 명료해지고 더 자각하게 됩니다. 영적으로 더욱 성장하고 열리고 사랑하게 되면, 그 명료함과 자각은 인간관계에도 스며듭니다. 그러면 사람들을 보고 싶은 대로 보는 대신, 있는 그대로 보기 시작합니다. 그리고 이제까지 자신이 (기억으로 물든) 얼룩진 유리를 통해 모든 사람을 바라보고 있었다는 사실을 깨닫게 되면, 사람들이 더 나은 방법을 알지 못하기 때문에 그렇게 행동할 수밖에 없음을 더 잘 알게 될 것입니다. 사실 우리 모두는 늘 주어진 순간마다 최선을 다하고 있습니다. 이 점을 깨달을 때 당신은 자연히 다른 사람들과 더 잘 소통하게 되며, 때로는 얘기하지 않는 편이 최선일 수 있음을 배우게 될 것입니다.

모든 것에 딱지를 붙이고 사람들에게 잘못했다고 말하는 사람은 바로 자기 자신이라는 사실을 의식하고 알 필요가 있습니다. 또한 그렇게 하는 근거는 자신의 인식이며, 인식의 근거는 믿음들이고, 그런 믿음들로부터 견해와 판단들이 나온다는 사실도 깨닫기 바랍니다. 견해와 판단들은 자신이 옳기를 바라는 마음을 낳지만, 옳다고 해서 행복해지는 것은 아닙니다. 자신의 인식에 따라 대화하는 습관을 멈추고 늘 옳기를 바라는 욕구의 투사를 멈추면, 사람들과 대화하는 것이 완전히 새롭게 보일 것입니다.

당신은 지금 당장 행복을 선택할 수 있습니다. 옳아야 하거나 이겨야 한다는 생각도 놓아버릴 수 있습니다. 아마 논쟁에서 이길 때 어떤 기분이 느껴지는지 이미 경험해 보았을 것입니다. 알다시피 그것은 일시적인 느낌입니다. 그리고 당신이 찾는 느낌은 내면에 있으며 외부에서는 찾을 수 없습니다. 당신이 변할 때 모든 것이 변합니다.

이 방법을 실천하면 사람들이 변하는 모습을 보게 될 것입니다. 그러나 실제로 변하는 것은 그들이 아니라 바로 당신 자신입니다. 그들에 대한 당신의 생각이 변하면 그들도 변하지 않을 수 없습니다.

얘기하려는 욕구, 옳아야 한다는 욕구, 자신이나 자기의 관점을 보호하려는 욕구를 놓아버리세요. 사람들을 있는 그대로 받아들이고 사랑하세요. 먼저 자기 자신을 받아들이고 사랑하면, 사람들을 사랑하고 받아들이는 것이 훨씬 쉬워진다는 것을 깨닫게 될 것입니다.

이것은 무척이나 경이로운 과정입니다. 깨어날 때 우리는 다른 사람들도 깨어나도록 허용합니다. 진실이 당신을 자유롭게 할 것이며, 당신이 자유로워질 때 다른 사람들도 자유로워질 것입니다. 그러나 모든 것은 당신으로부터 시작됩니다. 당신의 삶 속에 있는 모든 사람은 단지 당신의 생각일 뿐이라는 것을 깨닫기 바랍니다. 당신의 삶에 축복이 있기를!

25장

사랑

기억하세요, 당신이 찾고 있는 사랑은
지금 내면에서 당신을 기다리고 있습니다.
자기에 대한 진정한 사랑이 우주의 사랑에 이르는
문들을 열어줄 것입니다.

우리는 사랑이라는 것을 갈망하고 사랑 때문에 많은 고통을 받습니다. 우리는 누군가에게 빠져들고 집착하는 것을 사랑이라고 믿으며 이 관점을 고집합니다. 그래서 끝없이 실망합니다. 하지만 진정한 사랑은 고통을 일으키지 않습니다. 진정한 사랑은 모든 것을 받아들이며 어떤 조건도 없습니다. 외부의 사건이나 환경에 좌우되지도 않고 결과로부터도 초연합니다. 사랑은 그저 존재할 뿐입니다. 신이 사랑하듯이 사랑할 때 우리의 가슴은 노래를 부릅니다. 거기에는 어떤 집착이나 기대도 없습니다. 진정한 사랑은 우리를 자유롭게 합니다.

누군가와 즐거운 시간을 보내면 우리는 사랑에 빠졌다고 판단하지만, 우리가 사랑이라고 여기는 것은 사실 지나가는 열병과 같은 것입니다. 우리는 가슴을 그 사람에게 맡겨버린 채 그들과 떨어져 있으면 불완전하다고 느낍니다. 말 그대로 가슴 없이 돌아다니고 있는 셈입니다. 우리는 지금 여기에 현존하지도 못하고 이 순간을 즐기지도 못합니다. 열중하고 있는 대상에만 집중하기 때문입니다. 그럴 때면 걱정하게 되며 계속 불행할 수밖에 없습니다. 이와 마찬가지로 우리는 돈과 풍요로움을 혼동하고, 즐거움과 사랑을 혼동합니다. 즐거운 순간을 주는 것을 놓지 않고 붙잡으려 하면, 그 욕망 때문에 집착하게 되고 끝없는 걱정의 악순환에 갇히게 됩니다.

그래서 어떤 인간관계를 맺기 전에 자신의 프로그램을 제거할 필요가 있습니다. 먼저 우리가 찾고 있는 사랑은 외부에서 올 수 없음을 깨달아야 합니다. 외부에는 우리를 행복하게 해줄 수 있는 사람이 아무도 없습니다. 다음으로 알아야 할 사실은 어느 누구도 우리 자신만큼 우리를 사랑하지는 않을 것이라는 점입니다. 자기를 있는 그대로 받아들이고 사랑하는 것이 정말 중요합니다. 가장 중요한 것은 다른 사람이 우리를 어떻게 보는가가 아니라 우리가 스스로를 어떻게 보는가, 입니다.

인간관계에서 꼭 필요한 것은 초연함입니다. 마이클 벡위

드 박사는 "어떤 것을 원한다면 그것을 놓아버리세요."라고 말합니다. 놓아버리는 것이 핵심입니다. 집착은 기억과 프로그램, 믿음에서 태어납니다. 행복을 위해서는 어떤 사람이 필요하다고 말하면, 그것은 우리의 믿음이 되고, 이 믿음으로 인해 우리는 집착하게 됩니다. 어떻게든 우리를 완성시켜줄 외부의 인물이 '필요'하다는 느낌 때문에 이런 말을 하게 되지만, 우리에게는 외부의 어떤 사람이나 어떤 것도 '필요'하지 않다는 것이 진실입니다. 우리는 이미 완전합니다. 아마 당신은 사람들에 대한 집착이 전혀 없을 때 그들과 더 즐거운 시간을 보낸 경험을 해보았을 것입니다.

복잡하게 들릴지 모르지만, 집착을 놓아버리는 것은 생각보다 쉽습니다. 당신이 할 일은, 외부의 환경이나 사람, 사물이 당신을 행복하게 해줄 것이라고 믿게 만들고 당신을 조종하는 것은 바로 자기의 프로그램이라는 사실을 깨닫는 것뿐입니다. 집착하지 않고 초연할 때 얻는 보상은 아주 많습니다. 당신은 더 가벼워지고 더 행복해지며, 상상했던 것보다 더 많은 사랑을 끌어오기 시작할 것입니다.

모든 불행과 질투, 걱정은 하나같이 집착의 결과입니다. 초연함이 우리를 자유롭게 합니다. 여기서 말하는 초연함이란 무관심이나 책임감의 부족을 의미하지 않습니다. 초연함은 다른 사람의 마음에 상처를 주지 않습니다. 우리는 자신이 변함없고 책임감 있고 믿을 수 있는 사람이어야 한다고 믿습니다. "그렇지 않으면 사람들이 우리를 사랑하지 않을 거야."라고 믿거나, 우리는 원래 그래야 한다고 믿기 때문입니다. 하지만 사실은 우리가 100% 책임을 지고 진정으로 자기를 사랑할 때, 타인을 친절하고 사려 깊고 책임감 있게 대하는 것이 더 쉬워집니다. 자기를 사랑할 때 자연스럽게 타인도 사랑하게 되기 때문입니다.

불행히도 우리는 외부 세상만을 바라보는 경향이 있습니다. 하루에, 일주일 동안, 한 달 동안 당신은 얼마나 많이 타인에게 인정받고 받아들여지기를 원했나요? 그들의 인정을 받은 뒤에도 기분 좋은 느낌과 흥분은 잠시뿐이었다는 것을 알아차렸나요? 이런 식의 만족은 사라질 때 실제로 공허감을 느끼게 합니다. 만일 우리가 자신을 받아들이고 인정하며 사랑하지 않는다면, 아무도 우리를 위해 그렇게 해주지 않을 것이며, 우리는 결코 행복을 찾을 수 없을 것입니다.

때때로 우리는 이 사람에서 저 사람으로 옮겨 다니지만 똑같은 상황을 반복하고 똑같은 것들을 계속 끌어당깁니다. 그

원인은 바로 기억들 때문입니다. 그것들이 단지 우리의 생각일 뿐이며 우리의 기억 속에 프로그램된 타인과 상황들이라는 것을 이해할 때까지 이런 기억들은 계속 반복될 것입니다. 우리가 자신의 발달 수준에 맞는 '완벽한 짝'을 계속해서 끌어당기는 이유는 바로 이것입니다. 기억들을 놓아버리고 프로그램과 판단, 견해, 기대들을 놓아버린다면, 우리는 알맞은 때에 알맞은 관계를 맺을 수 있게 됩니다.

완벽한 인간관계란 자기 내면의 놓아버려야 할 것이 무엇인지를 보여주는 관계입니다. 기억을 놓아버리면 모든 인간관계에 좋은 영향을 미치며, 부모와 자녀의 관계에도 마찬가지입니다. 놓아버리고, 보답에 대한 기대 없이 주고, 가슴에서 좋게 느껴지는 일을 하고, 자기 자신으로 존재할 때, 우리는 건강한 인간관계를 방해하는 판단과 견해, 집착으로부터 자신과 타인들을 해방시킵니다. 놓아버리고 초연해지면 내면에서 평화와 사랑을 발견하고, 사람들을 더 사랑하며 평화롭게 대하게 됩니다.

첫 번째 단계는 자각입니다. 먼저 자신이 집착에 중독되어 있다는 것을 깨달아야 합니다. 자각은 그 자체로 치유력이 있습니다. 자신은 중독이 아니라는 것을 깨달으면, 자신이 이 모든 것의 너머에 존재하며 스스로 그 기억을 놓아버릴 수 있다는 것도 알게 됩니다. 중독 역시 기억이며 지워질 수 있습니다. 당신이 할 일은 오로지 100% 책임을 지고 놓아버리는 것뿐입니다. 그 이유와 방법은 이해할 필요가 없으며, 단지 더 이상 필요 없는 기억들을 지울 수 있도록 신에게 허용하기만 하면 됩니다.

어떤 관계나 사람에 대한 중독을 놓아버리는 또 하나의 방법은 대체물을 찾는 것입니다. 당신이 즐기고 기분이 좋아지는 일을 대체물로 삼으면 됩니다. 자연과의 교감이 좋은 예입니다. 공원이나 해변을 산책하면 우리의 영혼과 연결되는 데 도움이 되며 더 쉽게 놓아버리고 정화할 수 있습니다. 정말로 좋아하는 활동을 하면 진정한 자신과 접촉하는 데 도움이 됩니다. 그러면 삶에 필요 없는 것들이 저절로 놓여날 것입니다.

우리는 사랑이라고 여기는 것(칭찬받고, 인정받고, 이해와 보살핌을 받는 것)을 진정한 사랑으로 오해했으며, 그것들을 얻은 후에도 만족하지 못합니다. 기억하세요, 당신이 찾고 있는 사랑은 지금 내면에서 당신을 기다리고 있습니다. 자기에 대한 진정한 사랑이 우주의 사랑에 이르는 문들을 열어줄 것입니다.

26장

열정

___

열정을 따를 때는 아무것도 잘못될 수 없습니다.

당신이 자기의 가슴을 따르고 있기 때문입니다.

가슴은 지혜로우며 당신이 깨어나기를 계속 기다리고 있습니다.

당신이 좋아하는 일을 할 때 돈은 따라옵니다.

열정은 나침반입니다. 열정을 신뢰하고 따를 때 성공은 보장됩니다. 하지만 열정을 신뢰하는 일은 낯설고 불확실하며 미지의 것입니다. 그래서 안타깝게도 우리는 두려움에 빠질 때가 많습니다.

어떤 일에 소질이 있고 잘하니까 그 일을 해야 한다는 말을 자주 들어보았나요? 개인적으로 나는 숫자를 잘 다루기 때문에 회계사가 되어야 한다는 이야기를 많이 들었습니다. 그래서 그 길을 택했습니다. 하지만 이 일이 가슴이 원하는 길은 아니라는 것을 깨닫기까지는 오랜 시간이 걸렸습니다. 흔히 우리는 안정된 일을 하려는 경향이 있습니다. 불확실성을 즐기지 못하기 때문입니다. 그럴 때는 돈을 벌고 있어도 의욕이 생기지 않고 행복하지도 않지만, 우리는 왜 그런지 이유를 모릅니다.

가끔 쳇바퀴에 갇혀 사는 듯한 기분이 드나요? 이런 느낌은 자신의 진정한 정체성을 부정하는 데서 나옵니다. 우리는 다른 사람들이 우리보다 잘 안다고 생각하여 그들의 말을 따릅니다. 그리고 흔히 더 쉽고 덜 힘든 길을 선택합니다. 하지만 불행히도, 좋아하는 일을 즐기면서도 돈을 벌 수 있다는 것을 깨닫기까지는 긴 시간이 걸립니다. 만일 우리가 저마다 가슴의 진정한 갈망을 따르며 산다면, 세상은 얼마나 달라질까! 스스로 충족될 때 우리는 더 나은 사람이 되며 가족과 사회, 세상에까지 좋은 영향을 미칩니다.

어떤 사람들이 다른 사람들보다 더 성공하는 이유는 무엇일까요? 십중팔구 그들은 자신이 좋아하는 일을 열정적으로 하고 있을 것입니다. 행복한 사람은 행복한 회사를 만들고, 사람들은 행복하게 일하는 곳으로 더 많이 이끌립니다. 행복할 때 평화로워지며, 우리가 평화로우면 다른 사람들도 평화로워집니다. 열정적인 사람은 쉽게 고객들을 끌어들입니다.

우리의 생각들은 매우 강력합니다. 그래서 할 수 있다고 말하면 우리는 할 수 있고, 할 수 없다고 말하면 할 수 없습니다. 하지만 자기의 마음을 통제하고 부정적인 기억을 피할 수 있다고는 생각하지 말기 바랍니다. 우리는 인식의 배경에서 슬픈 노래를 연주하는 모든 기억과 프로그램들을 거의 알지 못합니다. "그냥 긍정적으로 생각하라."는 단순한 방법이 대개 효과를 발휘하지 못하는 것은 이 때문입니다. 기억들을 정화하는 유일한 방법은 우리가 그 기억들을—어떤 기억들인지 알거나 이해하지 못해도—가지고 있다는 것을 인정하고, 우리에게 더 이상 도움이 되지 않는 그 기억들을 지워주도록 우주에게 허용함으로써 '근원'에게 그것들을 내맡기는 것입니다. 우주는 항상 우리가 그 첫걸음을 떼기만을 기다리고 있습니다. 정말로 우주를 신뢰하기 시작할 때 기적들은 저절로 일어날 것입니다.

열정을 따를 때는 아무것도 잘못될 수 없습니다. 당신이 자기의 가슴을 따르고 있기 때문입니다. 가슴은 지혜로우며 당신이 깨어나기를 계속 기다리고 있습니다. 당신이 좋아하는 일을 할 때 돈은 따라옵니다. 어떤 일을 너무나 좋아해서 보수를 받을 생각도 없이 그 일을 하며 돈을 버는 것을 상상해 보세요.

좋아하는 일을 할 때 당신은 흐름을 타게 됩니다. 그것은 당신의 자연스러운 길입니다. 흐름을 타는 것은 생각하는 것과 아무런 관계가 없습니다. 흐름 속에 있을 때 당신은 생각하고 있지 않습니다. 그저 영감에 따라 움직이고 있을 뿐입니다. 그럴 때 당신은 지금 여기에 온전히 현존하며, 일들이 어떻게 되어야 한다는 선입관이나 기대, 판단이 없는 제로 지점에 있게 됩니다. 한번 직접 확인해 보세요. 돈이 많은 사람들은 돈을 위해 일하지 않습니다. 그들은 자신의 일을 좋아하고 즐깁니다. 그들은 심지어 그것을 일이라고 부르지도 않으며, 자기가 좋아하는 일을 하기 위해 필요하다면 어떤 대가라도 기꺼이 지불하려 합니다. 그들은 흐름 속에 있으며 영감을 받습니다.

신성이 안내하도록 허용하면 당신은 조화로운 상태에 있게 됩니다. 완벽한 아이디어들과 완벽한 인간관계들이 완벽한 때에 맞춰 찾아옵니다. 왜냐하면 성공을 위해서는 당신을 지원할 알맞은 팀을 찾는 것이 중요하기 때문입니다. 당신은 완벽하지 않으며, 그럴 필요도 없습니다. 당신은 유일하며 독특한 존재입니다. 당신은 어떤 일을 다른 사람들보다 더 잘할 수 있도록 창조되었습니다. 마찬가지로, 당신이 못하는 일을 더 잘하는 사람들이 있습니다. 이 점을 이해하는 것이 중요합니다. 그런 사람들과 함께 일하면 당신에게 도움이 될 것입니다. 다시 한 번 말하지만, 당신은 아무것도 알지 못하며 신이 당신에게 알맞고 완벽한 것이 무엇인지 알고 있다는 사실을 받아들이면, 알맞은 환경과 알맞은 관계, 알맞은 아이디어들이 삶에 나타날 것입니다. 그리고 열정과 열의, 신뢰와 겸손은 당신이 삶의 흐름 속에 있도록 해줄 것입니다. 이것은 모든 사람에게 적용됩니다. 대학을 졸업했든 졸업하지 않았든, 돈이 많든 적든 아무 상관이 없습니다. 우리는 모두 열정을 가지고 태어났습니다. 단지 그것이 무엇인지를 기억하기만 하면 됩니다.

당신 자신이 진정 누구인지 아세요. 자신의 진정한 열정을 찾아서, 그 열정이 데려가는 곳이면 어디든지 따라가세요. 자신이 잠들어 있었다는 것을 깨닫고, "세상에는 문제가 많아", "난 그럴 자격이 없어", "난 부족해"와 같은 스스로 만든 생각들로 자기 자신을 가로막고 있었던 것은 바로 당신 자신이었다는 것을 알아차리는 순간, 당신은 저절로 흐름 속에 있게 되며 부정적인 프로그램들은 더 이상 당신을 막을 수 없게 됩니다. 그러면 설령 '외부'의 상황은 크게 변하지 않더라도 당신에게는 아무 문제가 없다는 것을 알게 될 것입니다. 당신은 행복하고 자유롭고 평화로울 것입니다. 당신의 가슴을 믿고 따르세요. 당신의 열정을 따르세요. 윌리엄 셰익스피어는 말했습니다. "그대 자신에게 진실하라."

27장

성공

—

믿음들을 기꺼이 놓아버리려 한다면
모든 여정을 즐길 수 있으며, 자신이 이미
성공하고 있다는 것을 깨닫게 될 것입니다.
스스로 만든 견해나 판단의 노예가 아니기 때문입니다.

우리는 흔히 성공을 물질적인 소유와 혼동하며 그런 소유물로 성공을 평가하는 경향이 있습니다. 그러나 성공은 물질적인 것과 아무 관계가 없으며, 당신이 추구하는 성공은 이미 당신의 내면에 있습니다. 이 점을 깨닫는다면 행복하고 평화로워질 가능성이 훨씬 높아집니다. 사실, 내면의 풍요로움, 내면의 성공과 접촉하지 않는다면 아무리 많은 돈도 당신을 행복하게 해주지 못할 것입니다.

성공은 행복하고 평화로운 진정한 당신으로 존재하는 것과 관계가 있으며, 당신 바깥의 어떤 것이나 어떤 사람과는 상관이 없습니다. 당신이 찾고 있는 모든 것은 당신의 내면에 있습니다.

진정한 성공은 외부 환경에 따라 변하지 않는 근원에서 나옵니다. 성공은 진정한 당신이 누구인지 알고 우주의 참된 본성을 이해한 결과입니다. 당신은 원래 풍요롭습니다. 그 풍요로움은 진정한 당신이자 타고난 재능들이며, 아무도 할 수 없는 것들을 할 수 있는 당신의 능력입니다. 그것은 당신의 유일함이며 독특함입니다. 이러한 명료함이 당신을 더욱 평화롭게 해주고 더 많은 성공을 가져올 것입니다.

　　기대와 판단, 견해들로부터 자유로운 제로의 상태에 있을 때, 당신은 이미 모든 것을 가지고 있으며 어떤 것도 필요하지 않다는 것을 깨닫게 됩니다. 그때 당신은 흐름 속에 있음을 경험하며 모든 것이 아무 노력 없이 저절로 당신에게 다가오기 시작합니다.

　　의식과 잠재의식 속에서 작동하는 수많은 기억과 프로그램은, 예를 들어, 우리가 좋아하는 일을 하면서 돈을 벌고 성공할 수는 없다고 얘기합니다.

　　열정이 당신의 나침반이 되어야 합니다. 그러기 위해서는 미지의 것에 대한 신뢰가, 아주 큰 신뢰가 필요합니다. 자신이 어디를 향해 가고 있는지 확실히 알지 못한 채 가슴을 신뢰하는 것은 두려운 일일 수도 있지만, 결과는 보장되어 있습니다.

꿈을 향해 나아가려면 열심히 일해야 할 수도 있습니다. 하지만 그런 일은 사실 일이라고 할 수도 없습니다. 당신이 그 일을 좋아하고 있기 때문입니다. 심지어 돈을 내고서라도 그 일을 하려 할 것입니다. 성공하기 위해서는 끈기 있게 꾸준히 해야 하며, 자유로워지기 위해서라면 어떤 일이라도 기꺼이 할 용의가 있다는 것을 가슴으로 알아야 합니다.

자각은 치유력이 있습니다. 우리는 의식하기 위해 노력해야 합니다. 판단이나 견해 없이 삶을 있는 그대로 바라보는 관찰자가 되어야 합니다. 그 시작은 자신의 생각들을 알아채고, 행동에 주의를 기울이며, 매순간 지금 여기에서 현존하는 것입니다. 낡은 프로그램들이 우리를 움직이고 통제하지 못하게 하는 것이 중요합니다. 그렇게 하는 유일한 방법은 우리의 프로그램들을 새롭게 만드는 것입니다.

우리는 자신을 새롭게 프로그램해야 합니다. 모든 것은 내면에서 재생되고 있는 낡은 프로그램들의 반영입니다. 현실의 원인은 다른 사람들이 아닙니다. 그런 프로그램들이 자기에게 있는지조차 모르는 경우에도 우리는 더 이상 필요 없는 프로그램들을 놓아버릴 수 있습니다. 어떤 프로그램을 지우고 어떤 프로그램을 남겨두어야 하는지도 알 필요가 없습니다. 우리가 할 일은 100% 책임을 받아들이고 단순히 놓아버리는 것입니다.

당신은 무엇에 집중하고 누구에게 관심을 기울일 건가요? 그것은 불가능하다고 말하는 사람들의 말에 귀를 기울일 건가요? 그렇게 할 수는 없을 거라고 스스로 말한 뒤 실패함으로써 자신의 말이 옳다는 것을 증명하고 싶나요? 당신이 듣는 외부의 목소리들은 실제로는 외부에 있지 않으며, 단지 내면에서 작동하고 있는 프로그램들의 반영일 뿐입니다. 당신은 더 이상 쓸모가 없는 이런 생각들을 기꺼이 놓아버릴 준비가 되어 있나요? 그 생각들은 당신을 오늘 있는 자리로 데려왔습니다. 그러니 그 생각들에게 고맙다고 말하고 놓아버리세요. 진정한 자신을 찾아가는 길에는 여러 도전들이 나타날 것입니다. 그것들에게 감사하고 그것들을 사랑하세요. 그러면 그것들은 당신이 더 멀리 갈 수 있도록 도와줄 것입니다.

때로는 좀 더 과감히 밀고나갈 필요가 있습니다. 신은 당신을 더 밀어붙이기 위해 알맞은 사람들을 데려다줄 것입니다. 그럴 때는 저항하지 말고 그냥 놓아버리기 바랍니다.

성공하기를 원한다면 마음속에서 반복되는 낡은 기억과

프로그램들을 놓아버리는 것이 꼭 필요합니다. 호오포노포노의 도구를 이용하여 정화하세요. 당신의 프로그램들에게 "고마워."라고 말하고, 신이 그것들을 지울 수 있도록 허용하세요. 예를 들어, 성공하기 위해서는 어떤 것들이 필요하다는 믿음을 가지고 있을 수 있습니다. 이런 믿음들은 반복되는 기억입니다. 그 중에는 의식적인 수준에서 알아볼 수 있는 믿음들도 있지만, 어떤 믿음들은 잠재의식 수준에서 아주 은밀하게 재생되고 있습니다. 심지어 이런 믿음들이 자신에게 있는지조차 모를 수 있지만, 그 믿음들은 항상 당신에게 얘기하고 있습니다. 당신은 이미 성공하고 있는데도 그 사실을 모르고 있을 수 있습니다. 그것은 당신이 가진 것에 만족하지 않고, 늘 자신이 갖고 있지 않은 것에 관심을 기울이며 추구하고 있기 때문입니다.

믿음들을 기꺼이 놓아버리려 한다면 모든 여정을 즐길 수 있으며, 자신이 이미 성공하고 있다는 것을 깨닫게 될 것입니다. 스스로 만든 견해나 판단의 노예가 아니기 때문입니다. 자신을 해방시키고 자신이 좋아하는 일을 하세요. 성공은 더 쉽게 찾아올 것입니다.

28장

돈

———

돈에 대한 생각의 힘을 반드시 깨달아야 합니다.
돈을 많이 소유하는 것은 부도덕하다고 생각하거나,
부자들은 탐욕스럽고 불법적인 일을 많이 저지른다고 생각한다면,
돈은 당신을 피해갈 것입니다.

돈을 원한다면 피해자 의식을 놓아버려야 합니다. 비난을 그 만두고 기꺼이 100% 책임을 지려 해야 합니다. 자신에게 책 임이 있으며 모든 것은 자신에게 달려 있다는 점을 이해해야 합니다. 외부에는 아무도 없습니다. 피해자 의식은 돈을 끌어 오지 못하며, 오히려 빈곤을 더 끌어올 뿐입니다. 우리는 아 주 강력한 존재입니다. 그래서 만일 하루하루 근근이 살아가 려고만 한다면, 우리는 그런 상황을 끌어올 것입니다. 불평을 하고 비난만 한다면 우리가 원하지 않는 것을 더 많이 끌어옵 니다. 피해자처럼 행동하면 우리의 힘을 잃게 됩니다.

돈과 풍요로움은 동의어가 아니라는 것을 깨닫기 바랍니 다. 돈이 있든 없든 상관없이 우리는 풍요롭습니다. 돈의 소유 여부는 그 자체로 당신을 행복하거나 불행하게 만들 수 없습니다. 돈은 행복을 보장해 주지도 않습니다. 하지만 풍요로움은 분명히 당신을 행복하고 평화롭게 해줍니다. 다행스럽게도 우리는 모두 풍요롭게 태어났습니다. 풍요로움은 당신의 내면에 있는 어떤 것이며, 소유물과는 아무 상관이 없습니다. 그것은 당신 자신이며 자연스러운 앎이며 타고난 능력입니다.

예를 들어, 돈에 대한 믿음은 우리와 풍요로움의 관계에 매우 중요한 역할을 합니다. 돈에 관하여 셀 수 없이 많은 오역과 오해들이 있습니다. 예를 들어 다음의 성경 구절은 무슨 뜻일까요. "낙타가 바늘귀로 나가는 것이 부자가 하나님의 나라에 들어가는 것보다 쉬우니라."(마가복음 10장 25절)

아마 당신은 그렇게 생각하지 않을 것입니다. 전에 휴 렌 박사에게 이 말의 뜻을 물어보자 그는 이 구절의 진짜 의미는 돈을 우선시해서는 안 된다는 것이라고 했습니다. 언제나 신과 사랑을 우선하세요. 그러면 분명 돈이 따라올 것입니다.

돈에 대한 생각의 힘을 반드시 깨달아야 합니다. 돈을 많이 소유하는 것은 부도덕하다고 생각하거나, 부자들은 탐욕스럽고 불법적인 일을 많이 저지른다고 생각한다면, 돈은 당신을 피해갈 것입니다. 왜냐하면 무의식 속에서 당신은 돈을 나쁜 것이라고 생각하여 돈을 원하지 않기 때문입니다. 돈에게 잘못된 것은 아무것도 없습니다. 부자들도 천국에 갈 수 있습니다. 걱정할 필요가 없습니다. 마음 놓고 돈을 버세요. 그리고 언제나 신을 신뢰하며 당신의 길이 아닌 신의 길, 사랑의 길을 따르세요.

돈이 많다고 해서 문제될 것은 전혀 없습니다. 돈이 아무리 많아도 마찬가지입니다. 사실 돈이 있으면 사람들에게 도움을 줄 수도 있고 좋은 영향을 미칠 수도 있습니다. 내 경우, 신은 내가 요청하거나 꿈꾸던 것 이상을 주십니다. 그 계획이 무엇인지는 모르지만 나는 평소에 신이 나를 위한 계획을 가지고 있다고 생각합니다. 그리고 신이 내게 주신 돈 덕분에 나는 사람들의 삶에 좋은 영향을 미칠 수 있었고, 그 점에 대해 깊이 감사하고 있습니다.

하지만 나는 먼저 가슴의 길을 따라야 했습니다. 수입이 좋은 직장을 놓아버리자 돈이 왔습니다. 부자가 된 뒤에 직업을 그만둔 것이 아니었습니다. 우주는 늘 당신을 지켜보며 첫걸음을 떼기만을 기다리고 있습니다. 두려울 수도 있지만 진정으로 신뢰한다면 당신의 삶에 놀라운 일들이 일어날 것입니다.

만일 당신에게 돈이 없다면, 그것은 아마 당신이 돈을 두려워하고 있거나, 실제로는 (무의식적으로) 돈을 원하고 있지 않기 때문일 것입니다. 또는 다른 사람이 당신을 돌봐주어야 한다고 믿고 있거나, 돈을 벌기 위해 필요한 노력을 하지 않기 때문일 수도 있습니다.

예전에 돈 문제로 힘들어하면서 일자리를 찾기 위해 나를 찾아온 사람들이 있었습니다. 그들은 내가 어떤 제안을 하고 어떤 기회를 알려주고 어떤 문을 열어주어도 한결같이 "싫어요."라고 대답했습니다. 이것은 이런 이유로 안 되고, 저것은 저런 이유로 안 된다는 것이었습니다. 믿을 수 없는 일이었습니다.

돈을 원한다면 "예."라고 말하세요. 어떤 기회에게 "싫어요."라고 말할 시간은 언제든지 있습니다. 그 기회는 당신이 바로 지금 선택하고 싶은 길은 아닐지 모르지만, "예."라고 말하는 것이 중요합니다. 왜 그럴까요? "예."라고 말할 때 문들이 열리기 때문입니다. 그리고 당신이 찾고 있는 바로 그것을 가져다줄 사람이나 기회가 거기에 있을지 모르기 때문입니다.

경제 상황에 대해서도, 부모에 대해서도 원망하지 마세요. 눈앞의 기회들로부터 등을 돌리는 사람은 바로 당신 자신입니다. 자기의 시간을 어떻게 쓸 것인지에 관심을 기울이세요. 불평으로 얻을 수 있는 이득은 거의 없습니다. 가치 있는 것을 창조하세요. 사람들의 문제를 해결하거나 사람들의 삶을 더 편안하게 해주는 상품이나 서비스를 창조하세요. 다른 사람들을 도울 때 우리는 기분이 좋아집니다. 그리고 가치 있는 것을 창조할 때 사람들은 우리에게 일을 주고 우리를 다른 사람에게 추천하려 노력하게 됩니다.

사람들은 자기의 일을 사랑하는 사람과 일하기를 좋아합니다. 그것은 누구라도 쉽게 알아볼 수 있습니다. 사람들이 즐거운 마음으로 당신을 돕고 당신을 위해 기꺼이 더 노력하려 할 때, 당신도 기분이 좋지 않던가요? 그런 사람들에게는 더 기꺼이 돈을 지불하고 싶지 않던가요? 또 무슨 일을 하든지 항상 최선을 다하세요. 그러면 별로 기대하지 않았는데도 알맞은 때에 알맞은 곳에서 문들이 열릴 것입니다.

비난과 비판, 판단에 사로잡혀 있다면, 정화하고 놓아버리세요. 실천하고 신뢰하세요. 특히 자만심을 놓아버리세요. 어떤 일을 시작하기 전에는 그 일에 대해 모든 것을 알 필요가 없습니다. 휴 렌 박사는 늘 말하기를, 우리를 여기에 데려다 놓고서는 우리에게 필요한 것을 주지 않는 신이란 상상할 수도 없다고 합니다. "언젠가는 복권에 당첨될 거야."라고 말하는 빈곤 의식은 놓아버리세요. 돈이 없다면 책임을 지고 이렇게 말하세요. "나는 지금 당장은 돈이 없는 걸 선택한다." 그리고 돈이 없는 상태에서 평화롭기를 선택하세요.

마지막으로 기억해야 할 점은, 우리는 돈을 벌기 위해 이 삶을 택한 것이 아니라는 사실입니다. 우리 모두는 더 배우고 성장하기 위해 여기에 옵니다. 길을 가는 동안 우리는 필요한 모든 것을 얻을 수 있고, 돈이 있든 없든 행복하고 평화로울 수 있습니다. 당신이 놓아버릴 때, 신은 당신을 위해 일할 수 있습니다. 신은 완벽한 목표를 향해 당신을 안내할 것입니다. 당신이 신과 함께 한다면 걱정할 것은 아무것도 없습니다. 자신의 열정을 따르며 신뢰하세요. 길을 가는 동안 계속 정화하고 놓아버리세요. 그러면 자신의 풍요로움을 발견하게 되며, 어찌해야 할지 모를 만큼 많은 돈이 주어질 것입니다.

29장

필요한 일을 할 준비가
되어 있나요?

당신이 어디에, 무엇에 집중하고 있는지
잘 살펴보세요. 어느 정도 희생은 기꺼이 감수하세요.
어쩌면 더 열심히 일해야 할지도 모릅니다.
무엇보다 중요한 것은 가슴을 따르는 것입니다.

이 질문에 당신은 기꺼이 하겠다고 대답할 것입니다. 하지만 예를 들어 지금 당장 돈이 없다면, 그것은 필요한 일을 하고 있지 않기 때문입니다. 그렇다고 해서 불법적이거나 파괴적이거나 위험한 일을 해도 좋다는 말은 아닙니다.

최근 나는 돈이 부족하다고 불평하는 사람들의 태도를 유심히 지켜보고 있습니다. 그리고 그들에게 돈이 부족한 상황을 창조한 내 안의 어떤 것에 대해 미안하다고 말합니다. 나는 그 상황에 100% 책임을 지면서, 내가 알게 된 것을 여러분과 나누고 싶습니다.

때로는 큰 그림을 보기가 어렵습니다. 또 우리는 하기 싫은 일들은 안 하려고 하며, 근무 시간 외나 주말에도 일하지 않으려 합니다. 그러나 '성공한' 사람들이나 돈을 많이 번 사람들과 얘기를 나눠보면, 그들이 그 자리에 이르기까지 저마다 어떤 희생을 했다는 말을 분명히 듣게 될 것입니다.

좀 더 설명해 보겠습니다. 사실, 당신이 큰 그림을 본다면 그런 노력을 '희생'이라고 말할 수도 없습니다. 왜냐하면 당신은 지금 여기를 판단하지 않기 때문입니다. 당신은 어디를 향해 가고 있는지를 분명히 알고 있습니다. 그 과정에는 많은 노력과 인내, 훈련이 필요할 수 있지만, 좋아하는 일을 할 때 당신은 그것을 일이라고 부르지 않으며 더더욱 희생이라고는 말하지 않을 것입니다. 심지어 좋아하는 일을 할 때에도, 전체의 일부인, 덜 좋아하는 일들을 해야 할지 모릅니다. 하지만 그 일들 역시 당신을 원하는 곳으로 데려가주는 과정이라는 것을 깨달을 때, 그런 일들까지 좋아하는 법을 배우게 될 것입니다.

우리는 모든 것들에 대해 수많은 견해를 가지고 이런저런 판단을 합니다. 사실, 자신의 실패에 대해 불평하는 사람들은 다른 사람을 맨 먼저 비판하는 사람이기 쉽습니다. 그들은 다른 사람이 무엇을 어떻게 해야 하는지 자신이 정확이 알고 있다고 생각합니다. 하지만 판단과 비판이 그들의 길에 가장 큰 장애물이라는 것을 잘 모르고 있습니다.

많은 사람들은 '관리자'처럼 행동합니다. 그들은 '너무 힘들다'는 이유로 어떤 일을 하지 않거나 다른 사람을 위해 일하지 않으려 합니다. 또 백만장자들이 하루아침에 된 것처럼 말하면서, 그들이 그 자리에 이르기까지 들였던 노력과 헌신, 행동들은 보지 않습니다. 당신은 장시간 일할 각오가 되어 있나요? 주말에도 일할 수 있나요? 자신의 삶에 별 도움이 되지 않는 사회 활동이나 인간관계들을 줄일 수 있나요? 놀랍게도 대다수 사람들은 그렇게 하지 않으려 합니다. 하지만 돈을 많이 번 사람들에게 물어보면, 그들은 주말뿐 아니라 평일에도 장시간 일을 했다고 대답할 것입니다. 당신은 항상 선택을 하며, 원하는 것은 무엇이든 자유롭게 선택할 수 있습니다. 그러나 결과에 대한 불평과 판단은 멈추기 바랍니다.

우리는 원하지 않는 것들에 너무 집착하는 바람에, 어떤 기회를 제시받았을 때 그 기회를 통해 만날 수 있는 사람들과 새롭게 얻게 될 가능성을 내다볼 만큼 마음이 열리지 못할 때가 많습니다. 그리고 원하는 곳에 이르기 위해 밟아야 할 단계들을 긍정적으로 고려하지 않습니다. 다시 말해, 필요한 일을 기꺼이 하려는 마음이 부족한 것입니다. 이 사실을 인정하기는 힘든 일이지만, 우리가 스스로 그렇게 하고 있습니다. 비난받을 사람은 어디에도 없습니다. 우리는 견해와 판단들을 가지고 있으며 다른 사람들에 대해 이야기를 합니다. 우리는 다른 사람이 어떻게 행동하고 어떻게 말해야 하는지에 대해서는 전문가들이지만 자기 자신을 바라보는 데 쓰는 시간은 거의 없습니다.

먼저, 우리에게 주어지는 모든 기회 속에서 부정적인 면을 찾아내는 일을 그만두어야 합니다. 우리가 너무나 잘 만들어 내는 변명들도 멈춰야 합니다. 이것은 긍정적인 사고와는 아무 관계가 없습니다. 문제는, 우리가 문제에 너무 밀착되어 큰 그림을 보지 못하는 것이며, 더욱이 자신이 아주 잘 안다고 생각하는 것입니다!

우리는 온 힘을 다해야 합니다. 이미 열심히 하고 있다고 말할지 모르지만, 그것은 온 힘을 다하는 것이 아닙니다. 전력을 기울이는 것이 중요합니다. 돈을 벌기 위해서는 용감해야 하며, 안전지대를 넘어 나아가야 하며, (지성의 소망이 아니라) 가슴의 소망을 이루기 위해 필요한 일이라면 무엇이든 하려 해야 합니다. 자신이 해낼 것임을 가슴 깊이 신뢰하며 완전히 헌신해야 합니다. 좋아하는 일을 사랑으로 하며, 100%

책임을 지고, 100% 헌신해야 합니다.

당신이 어디에, 무엇에 집중하고 있는지 잘 살펴보세요. 어느 정도 희생은 기꺼이 감수하세요. 어쩌면 더 열심히 일해야 할지도 모릅니다. 무엇보다 중요한 것은 가슴을 따르는 것입니다. 가슴은 더 잘 알고 있으며 큰 그림을 볼 수 있습니다. 가슴은 당신을 알맞은 때에 알맞은 곳으로 데려다줄 것입니다.

판단을 놓아버리고 큰 그림을 보는 것이 어려울 수도 있습니다. 어린 시절부터 우리는 현실을 낱낱이 분해하고 분석하여 좋은지 나쁜지 결정하도록 배웠기 때문입니다. 다행히도 호오포노포노는 그렇게 하지 않고도 삶을 변화시키는 훌륭한 도구를 제공해 줍니다. 이 고대 하와이의 문제해결 방법은 더 잘 아는 '우리의 일부'가 큰 그림을 이해하고 있으며, 알맞은 기회들을 가져다주도록 우리가 허용해 주기만을 기다리고 있음을 알려줍니다.

삶에서 주어지는 기회들을 통해 기꺼이 정화하려 하세요. 마음을 여세요. 싸움과 변명, 늘 터져 나오려고 하는 부정적인 대답을 멈추고, 견해와 판단을 놓아버리세요. 그러면 기대하지 않은 곳에서 문들이 열리는 모습을 보게 될 것입니다.

마침내 불편함이 당신을 깨우고 태도를 변화시키며 놀라운 결과를 이루기까지는 수없이 불편함을 느낄 필요가 있을지도 모릅니다. 하지만 어느 날, 당신은 "이제 충분해."라고 말한 뒤, 자기 자신이라고 여겼던 모든 것을 온전히 놓아버리려 할 것입니다. 그럴 때는 마치 죽는 듯한 두려움이 느껴질 수도 있습니다. 진정한 당신이 되려면 현재의 거짓된 정체성과 현실 감각이 죽어야 합니다. 자신이 진정 누구인지도 모른 채 생을 마감하는 사람들을 상상해 보세요. 그것은 비극입니다.

앞을 보지 못하는 사람처럼 삶을 경험해 보세요. 모든 감각을 개발하세요. 중요한 것들에 관심을 기울이세요. 다른 눈으로 삶을 바라보세요. 그러면 완전히 다른 방식으로, 있는지조차 몰랐던 그런 방식으로 존재를 경험하게 될 것입니다. 알고 있다는 생각을 놓아버리고 삶과 함께 놀아보세요. 손을 내밀어 보세요. 두려움을 느껴보고, 두려워도 어떻게든 해보세요. 하지만 무엇보다도, 필요한 일을 기꺼이 하려 하세요.

한국에 호오포노포노가 알려진 지도 벌써 몇 년의 시간이 지났습니다. 호오포노포노는 '오류를 수정하다', '바르게 하다'란 뜻의 하와이어입니다. 원래 전통 호오포노포노는 고대 하와이인들의 문제해결 방식이었습니다. 모르나 시메오나 여사는 다수의 사람과 중재자가 필요했던 전통 방식의 호오포노포노를 혼자서도 정화할 수 있는 현대적 방식으로 변형시켰습니다. 그 후, 큰 반향을 불러일으킨 책《시크릿》에 시크릿 마스터로 소개된 조 바이텔이 휴 렌 박사를 만나 호오포노포노을 배워가는 과정을 그린《호오포노포노의 비밀(Zero Limits)》이 출간되면서 현대식 호오포노포노가 세계적으로 널리 알려지게 되었습니다.

《호오포노포노의 비밀c 바이텔은 휴 렌 박사가 하와이 주립 정신병원에서 환자들과의 진료나 상담 없이 오직 자신의 내면의 정화를 통해 환자들을 치유한 이야기를 소개하며 현대 호오포노포노가 일반인들에게 알려지는 데 큰 기여를 했습니다. 이후 한국에서는 호오포노포노 관련 서적이 여러 권 출간되었고, 많은 사람들이 호오포노포노를 통해 사랑과 평화의 시작인 온전한 책임의 중요성을 이해하게 되었습니다.

호오포노포노의 핵심 메시지는 온전한 책임, 그리고 자신의 내면과 친해지는 것입니다. 호오포노포노는 전체성을 그 바탕으로 하고 있습니다. 휴 렌 박사가 정화한 것은 '정신병을 가진 환자'들이 아니라 그 사람들을 환자로 바라보는 자신의 기억이었습니다. 즉, 호오포노포노에서는 외부에 문제가 존재하는 것이 아니라 모든 것은 내 마음속에 생각으로 존재한다고 봅니다. 이렇게 모든 것이 나의 마음임을 수용하고 이해하는 것이 호오포노포노에서 말하는 온전한 책임(100% Responsibility)의 의미이며, 이것은 수많은 현인들이 이야기해 왔던 '하나의 의식', '확장된 나의 전체성'과 그 맥이 닿아 있습니다. 문제가 아니라 그것을 문제로 바라보는 나의 기억을 정화할 때 주변이 자연스럽게 나에게 가장 알맞은 방식으로 변해가는 것이 호오포노포노의 아름다움입니다. 현대 호오포노포노에서는 무의식을 의미하는 우니히피리와 친해지는 것을 중요한 일로 보며, 살면서 부닥치게 되는 문제들을 정화의 기회, 자유로워질 기회로 바라봅니다. 온전한 책임이 현대 호오포노포노의 원론이라면, 자신의 무의식과 친해지는 것은 그 방법론이라고 할 수 있습니다.

《호오포노포노, 가장 쉬운 삶의 길》은 《가장 쉬운 길》에 이은 마벨 카츠의 두 번째 책입니다. 마벨 카츠는 1997년 휴 렌 박사에게 직접 호오포노포노를 배운 뒤 지금까지 꾸준히 호오포노포노를 실천해 왔고, 특히 2008년부터는 전 세계를 돌며 직접 호오포노포노를 알리고 있습니다. 이 책에는 오랜 기간 호오포노포노를 실천해 온 저자의 경험과 통찰이 간결하고 따뜻한 언어로 녹아 있습니다. 그녀는 어려운 말로 설명하는 것이 아니라 간결한 문장으로 영감을 주고 있습니다. 그러므로 이 책은 서둘러 읽기보다는 천천히 정독할 책이며, 한 번 읽고 마는 책이 아니라 가까이 두고 여러 번 읽으면 좋은 책입니다. 《호오포노포노, 가장 쉬운 삶의 길》을 통해 호오포노포노의 메시지를 가슴으로 느끼게 되기를, 그리고 이 책이 많은 분들에게 반복되는 기억을 넘어 사랑과 풍요의 삶에 이르는 다리가 되길 기원합니다. 고맙습니다.

박인재

마벨 카츠는 평생 지속될 영감을 불어넣으며, 삶을 변화시키고 지속적인 결과들을 낳게 하는 도구들을 제공한다. 그녀가 전하는 영감들은 사람들의 중심, 그들의 영혼에까지 도달한다. 많은 사람들은 그녀가 자신의 삶을 영원히 변화시켰다고 말한다.

마벨은 고대 하와이의 기법인 호오포노포노에 관한 최고의 권위자로서 국제적으로 인정받고 있다. 그녀는 호오포노포노의 마스터인 이하레아카라 휴 렌 박사에게 20년 동안 호오포노포노를 배우며 함께 연구했다. 호오포노포노의 본질은 단순하다. 놓아버리는 것, 신에게 맡기는 것이 그것이다. 우리에게 가장 알맞고 완벽한 것이 무엇인지를 어느 누가 신보다 더 잘 알 수 있겠는가?

그녀의 책들은 영어, 한국어, 스페인어, 포르투갈어, 스웨덴어, 독일어, 프랑스어, 러시아어, 히브리어, 그리고 루마니아어로 번역되고 출간되었다.

아르헨티나에서 태어난 마벨은 1983년에 미국 로스앤젤레스로 이사했으며, 그곳에서 성공적인 회계사, 세무사, 세무 상담사가 되었다. 1997년에는 자신의 회사인 'Your Business, Inc.'를 설립하였는데, 이 회사를 통해 그녀는 더욱 성공했으며 사람들과 직접적으로 일할 수 있는 능력도 더욱 향상되었다. 그녀의 회사는 기업체들이 확장하고 성장하도록 도움으로써 번창했다.

로스앤젤레스의 라틴계 커뮤니티의 스타인 마벨은 'Despertar'(깨어남)와 '마벨 카츠 쇼(Mabel Katz Show)'라는 유명한 라디오와 텔레비전 프로그램을 진행했으며, 이 프로그램을 통해 라틴계 미국인들에게 사업을 시작하거나 성장시키는 방법들을 전해 주었고 성공적인 인간관계와 재무관리를 위한 조언을 해주었다.

사업을 시작한 지 10년이 지난 뒤, 그녀는 그저 열정을 따르기 위해 자신의 성공적인 회계 법인과 토크쇼를 포기하기로 결정했다. 그녀는 이제 저자와 세미나 주최자, 강연가로 전 세계를 여행하고 있으며, 다양한 문화권과 언어권의 사람들에게 영감을 불어넣고 있다.

"삶은 내면의 일입니다. 만일 우리가 놓아버리고 내맡긴다면 삶은 훨씬 쉬워질 것입니다."

—마벨 카츠

호오포노포노, 가장 쉬운 삶의 길

초판 1쇄 발행 2012년 5월 22일
    5쇄 발행 2023년 1월 5일

지은이 마벨 카츠
옮긴이 박인재

펴낸이 김윤
펴낸곳 침묵의 향기
출판등록 2000년 8월 30일, 제1-2836호
주소 10401 경기도 고양시 일산동구 무궁화로 8-28,
    삼성메르헨하우스 913호
전화 031) 905-9425
팩스 031) 629-5429
전자우편 chimmukbooks@naver.com
블로그 http://blog.naver.com/chimmukbooks

ISBN 978-89-89590-28-6 03320

* 책값은 뒤표지에 있습니다.